De Voyou à Prof

De Voyou à Prof

Kamel MADANI

Avec Caroline LAMY

ISBN-13 : 9781520886169

DÉDICACES

A mon petit frère Rachid, je t'aime comme un grand frère aime son petit frère, le temps nous réunira !

A ma sœur Sarra, ma porte est toujours ouverte.

A ma fille Maëline Kamelia LAMY MADANI, les parloirs sont derrière nous, je t'aime !

A mon fils Eliam Eddine LAMY MADANI, je t'aime !

A la mère de ces petits loups, Caroline LAMY, une chose est sûre, dans la merde on s'est aimé.

« J'espère sincèrement qu'en parcourant mon livre certains trouveront la force de ne jamais abandonner »

En aparté, avec Caroline Lamy

De voyou à prof, ou comment passer d'entre les mains punitives de la justice à celles bienveillantes de l'Education nationale ?

Il me fait l'honneur d'écrire sa préface. Je ne serai pas objective mais il sait à quel point je peux être critique, honnête et juste pour dépeindre celui avec qui j'ai partagé quelques années de ma vie. Ces années charnières au cours desquelles les choix sont décisifs, mais pour Kamel, ils ne sont jamais définitifs. C'est un partisan du "rien n'est impossible", fervent défenseur du "rien n'est inaccessible". Pour lui rien n'est figé, tout est modulable, il voit la vie en pâte à modeler. Cette ouverture d'esprit, cette façon de puiser mille idées, d'épuiser toutes les possibilités, l'a amené là où il est aujourd'hui...

On s'est trouvé sur un malentendu, c'est ce que j'ai cru, car il m'avait repérée. C'était un piège qu'il m'avait tendu... C'est un des traits de sa personnalité, il ne laisse rien au hasard. Il a bien trop peur du temps qui passe. Petit déjà je crois, qu'en son for intérieur, il avait décidé qu'il serait maître de sa vie. La fatalité il en a vite fait son ennemie. Je me suis donc laissée piéger, dans cette histoire ordinaire de deux jeunes gens compliqués. Il était violent et ultra-protecteur. J'étais une rêveuse boulimique attirée par le danger. J'ai vite cerné sa personnalité, et je savais que si je m'engageais avec lui c'était quasi pour la vie. C'est donc à moi aujourd'hui que revient la lourde tâche de te mettre en condition, toi lecteur, pour partir à la découverte de l'histoire de Kamel Madani.
Il prend toute la place. Il est envahissant. Il a une grande gueule. Il est vulgaire, maladroit, parfois lourd, avec un humour bien à lui, et pourtant, c'est un être ultrasensible, doté d'une grande empathie. Il décide aujourd'hui de partager les vingt-sept premières années de sa vie. Une vie qui l'a déjà bien éprouvé, et dans laquelle il n'a cessé de batailler, se démener.

Je me suis associée à lui pour vous conter sa folle aventure en respectant scrupuleusement le cours des événements et la nature de ses sentiments. J'ai assisté à sa métamorphose. Il a partagé avec moi ses doutes et ses souffrances. Il m'a confié les clés du récit de sa vie. Avec mes mots, j'ai retranscrit ses maux. C'est avec ma sensibilité et sa lucidité, avec ma capacité à capter les émotions et sa mémoire sans faille, avec ma poésie et son franc-parler que vous vous plongerez dans son combat.

Son histoire est un feu d'artifice, un cocktail Molotov d'émotions. On se demande seulement comment. Comment après un tel parcours on en arrive là où il est? Pour ça il lui a fallu une bonne dose d'intelligence, d'humour, de patience, d'autodérision, d'inconscience parfois. Comment passer du délinquant violent au professeur pédagogue? Comment passer de la gestion d'une minuscule cellule morbide à celle d'une salle de classe pleine de vie ?

Je l'ai vu évoluer pendant l'écriture de ce livre. Je l'ai vu dans tous ses états. Il est passé par un millier d'émotions. Il s'est livré comme jamais. Il s'est engagé. Je crois même qu'il espère secrètement changer les mentalités. Le choix de se lancer dans l'écriture de son histoire s'inscrit naturellement dans son parcours, d'ailleurs ça n'a surpris personne dans son entourage quand il a décidé d'écrire son livre. Il aime partager, il aime se raconter, il aime surtout quand les choses sont claires. Il aime la transparence. Et pour lui aujourd'hui, et pour les années à venir, il était inconcevable de cacher son passé, de vivre avec la crainte qu'un jour son secret soit dévoilé, de trahir l'Education nationale, celle qui l'a tant aidé. Comme je vous l'ai expliqué, il ne laisse rien au hasard, il aime prendre les devants, alors il va vous conter son histoire, pleine de violence, d'amour et d'espoir.

Chapitre 1 : Né sans haine, ni violence... Ou presque

Je ne suis pas né une arme à la main mais la violence s'est très vite invitée dans ma vie. Dès ma naissance, aucun répit, les péripéties commencent. Je suis destiné à être un enfant différent. Je suis le fruit de la rencontre de deux jeunes gens déjà bien abîmés par une vie qu'ils n'avaient pas choisie. Eux aussi sont nés sans arme ni haine. L'adversité a soufflé sur leur innocence d'enfants, pour la laisser s'envoler dans le ciel brûlant d'Algérie. Ils ont à leur tour soufflé sur mon innocence, mon enfance emportée dans un vent de violence.

Mes origines

Mon père est né en région parisienne, d'une mère française et d'un père algérien. Expatrié de France pour je ne sais quelle raison, il est allé vivre avec son père en Algérie. Il avait seulement huit ans et sa rancœur envers ce dernier allait grandir au fur et à mesure que s'enchaineraient ses traumatismes d'immigré français. Il a alors grandi sans sa mère, restée en France. Seul aux côtés d'un père violent, dur, froid, qui lui imposait une vie violente, dure, froide, dans ce pays qu'il ne connaissait pas. Il se retrouvait là, petit français gringalet dans l'Algérie des années soixante-dix à devoir apprendre l'arabe, apprendre à vivre avec et comme les algériens et surtout à faire le service militaire dans l'espoir de pouvoir quitter le pays. Mon père n'était pas bavard en ce qui concernait sa vie en Algérie. Le service militaire était l'exception, il nous en a souvent parlé. Il a fini en prison pour désertion. Deux fois. Il faisait bonne figure mais j'ai vite compris qu'il avait eu la vie dure. Sans rancune Papa.

Ma mère est née en Algérie, à Sidi Bel Abbes, dans un bidonville, partageant sa vie, ses jours et ses nuits, son enfance, son adolescence, dans un espace réduit avec douze frères et sœurs. Elle a toujours édulcoré sa jeunesse en Algérie, mais nous n'étions pas dupes. On ne s'épanouit pas dans neuf petits mètres carrés. J'en sais quelque chose. Elle a grandi ainsi, bercée par la violence, le manque d'hygiène, l'absence d'intimité, la soumission de la femme, la place de la religion et les traditions. Autant dire qu'avec ce bouillonnant mélange de conditions de vie déplorables, si elle pouvait espérer quitter son bidonville, elle ne pourrait jamais en sortir équilibrée. Et c'est ce qui s'est passé. Maman a choisi un français dans l'espoir de fuir la misère. Ce n'était pas le prince charmant. Maman nous a emmenés en France. Maman, avec le temps, devenue instable, perverse et rongée par la solitude.

De cette drôle de rencontre naissent quatre innocents. Le 9 juillet 1988, il font un premier enfant c'est un garçon. Le 26 octobre 1989, un deuxième. C'est moi Kamel. L'union de ces deux êtres instables, dépourvus d'états d'âme a fait que je suis là! Puis ma sœur vient au monde le 31 mars 1992. Et pour finir sept ans plus tard, le 28 mars 1999, c'est au tour de mon petit frère d'agrandir la fratrie. Il naît handicapé. Lui, plus que nous, a payé le prix de cette rencontre. Ils lui ont donné la vie tout en lui enlevant une part de validité.

En juin 1990, le père de mon père s'est suicidé à son domicile, retournant une carabine contre lui... C'est ce qu'on m'a dit. J'ai appris aussi, au détour d'une conversation, d'une confession, que le jour où mon grand-père s'est "suicidé", un bébé de huit mois était là. Ce bébé c'était moi. Huit mois seulement. La violence faisait une entrée fracassante dans l'existence du petit être que j'étais. Ce jour-là, la vie de mon grand-père s'envolait, avec ce coup de feu retentissant, me donnant le "signal de départ" pour la mienne qui commençait.

Je cherche dans ma mémoire. J'ai des souvenirs de l'Algérie, de mon arrivée en France. Et la violence, la vraie violence. Et les coups, les vrais coups. Lorsque je parle de ces moments mon cœur se serre dans ma poitrine, une douleur tellement discrète, tellement diffuse me submerge et tout s'emmêle. Alors, j'ai envie de pleurer, de boire pour oublier ou de boire pour continuer à écrire ! Le début de ma vie se résume en une série d'affreux enchainements qui viendront rythmer mon quotidien d'enfant.

L'humiliation

Je me rappelle l'odeur iodée et l'aspect gluant du CRACHAT qui m'accompagne au moment du coucher. Mon père vient me dire bonne nuit en me crachant dessus. Je n'ai que huit ans. Glissé dans mon lit, j'attrape une vieille peluche que je n'aime pas et j'essuie, terrifié, humilié, son ignoble mollard.

En décrivant ce passage de ma vie un glaçant frisson m'envahit. L'enfant souffrant ressurgit et me demande :

"Pourquoi ? Pourquoi ? C'est pas possible tant de méchanceté gratuite envers un enfant de 8 ans ! "

Malgré une vie dure mon père n'a pas d'excuse pour expliquer un tel geste. Il n'est ni alcoolique, ni schizophrène. Il est profondément peureux dehors et ressent le besoin d'être craint à la maison. Des pensées perverses le poussent à me cracher dessus.

Les coups on s'en relève, on les oublie. L'humiliation, elle nous suit. Les injustices on ne les digère pas. Elles nous restent au travers de la gorge comme un gros mollard, ce crachat avec lequel j'ai secrètement souhaité qu'il finisse par s'étouffer. Mon père c'est l'horreur en personne. Un monstre terrifiant dans mes yeux d'enfant. Dans l'ascenseur de la vie, parfois les relations s'inversent, il me craint aujourd'hui.

Cet épisode fait partie des moments que je garde en moi sans pouvoir en faire le deuil. C'est une part de ma dignité qu'il a détruit. A présent, j'ai deux enfants. J'ai essayé de m'imaginer en «papa-crachat». Je me rends compte qu'il faut être un monstre monstrueusement lâche pour faire un acte comme celui-là.

Le coup de couteau

Ma mère n'est pas épargnée par la violence de mon père. Elle sait lui rendre. Un matin, après avoir encaissé une avalanche de coups, elle attrape un couteau de cuisine. Elle est bonne cuisinière ma mère. Mais ce matin-là, c'est une toute autre passion qui l'anime. Elle se rue sur lui et lui coupe le pouce. C'est le deuxième coup de couteau. Elle l'a déjà "planté" en Algérie pour une histoire d'argent. Mon père a un défaut (parmi tant d'autres), c'est l'argent. Il laisserait ses enfants contre de l'argent. Plus tard, en prison, j'en aurai la triste confirmation. Ce matin-là donc, en pyjama, je regarde le sang qui coule de son doigt, formant une flaque immense au bout du long couloir de notre petit HLM. Rien de grave. Ma mère serpille comme si de rien n'était. Mon père s'en remettra. Moi pas. Je me construis dans la banalisation de ces gestes cruels.

Voilà le climat dans lequel nous nous efforçons d'évoluer. Ce manège infernal ne fait qu'accélérer. La violence de l'un. La réponse de l'autre. Les séparations. Les réconciliations. Et les petits bouts de vie, les rires et la musique qui émergent puis s'évanouissent dans ce tourbillon destructeur où les échanges ne sont que menaces et cris.

Mon regard d'adulte m'a permis de relativiser, ma capacité de résilience est grande. Je sais pourquoi aujourd'hui. Je suis différent...

Le coup de trop

(1999)

La violence m'accompagne au quotidien. Elle va crescendo, sans limite. Comme dans de nombreuses familles saccagées par un passé dont les parents ne se sont pas relevés, le drame arrive. Ce vilain jeu d'agressions familiales finit par faire une victime collatérale. Mon père commet l'impardonnable irréparable.

Mon petit frère adoré, tu l'apprendras comme ça mais c'est la vie. Les mauvaises personnes comme nos parents se nourrissent de nos silences. J'ai décidé de ne plus les nourrir. Ma parole, c'est mon arme.

Sombre journée de février où ce père sans pitié, ce père violent, ce père lâche, lors d'une énième dispute, une énième bagarre, envoie un énorme coup de pied dans le ventre de ma pauvre mère alors enceinte d’un petit bout de vie.

Ce petit bout de vie qu'elle porte et préserve depuis quatre mois c’est toi, mon frère chéri. Elle ne peut éviter le coup fatal qui lui est porté. Cette scène va me hanter, me briser un peu plus, jamais autant que toi, mon petit frère. J'assiste impuissant à ton arrivée, prématurée. Je te vois grandir avec un lourd HANDICAP lié directement à ce choc durant la grossesse de Maman. Avec ce geste lâche, mon père a perdu mon amour. C'est-ce que je crois naïvement sur le moment. Le temps me fera oublier la gravité de ses actes. J'ai neuf ans et je l'aime tout de même comme la victime s'attache à son bourreau.

Mon âme d'enfant innocent commence à se dissiper. Je la laisse s'envoler et c'est une autre partie de moi qui surgit. Je deviens dur. La vraie dureté. Je ne ressens plus la douleur des coups de mon père. Je ne m'étonne plus de rien. Je me renferme. Plus rien ne m'atteindra autant que le coup de pied de Papa dans le ventre de Maman.

Lorsque mon père menace de nous tuer ou de nous envoyer en Algérie si vous saviez comme je m'en fous ! Je n'ai plus peur. Je subis en fermant ma gueule mais le mot vengeance trouve en moi tout son sens. J'en rêve de ce plat qui se mange froid. La rancœur aussi je la découvre à ce moment-là. Je sens fleurir en moi une rage immense, comme un virus qui se propage, dans mon sang, dans mes veines, pour atteindre mon cœur et mon cerveau déjà endoloris. Ma rage se nourrit des scènes violentes qui se répètent, se diversifient, se durcissent. Je ne sais pas encore qu'une arme à la main, un enfant peut être plus dangereux que les imposants cent vingt kilos d'un père fou furieux.

Amour pervers

Ces deux événements que sont le coup de couteau et le coup fatal pendant la grossesse, résument bien l’histoire d’amour entre mes deux parents. Ils s’aiment à leur façon. Leur a-t-on au moins appris à aimer ? Tout est question d'intérêt, d'argent, de regard des gens, d'amour pervers.

Mon Papa d’amour, je t'aime, je n’ai que neuf ans et sais-tu à quoi je passe mes journées depuis des années ? A PARDONNER tes coups.

Maman, tu te venges sur nous. Pourtant on est ton sang. Pourtant tu nous protèges à l'extérieur, mais à la maison tu nous rends les coups que te donne papa. A côté de ça, tu t’occupes bien de nous. Malheureusement rien ne justifie ce déchainement sur tes enfants. Je devine dans ton regard que tu penses souvent à Papa quand il n'est pas là. Tu déverses ta colère et ta frustration sur ta progéniture. Et comme certains se précipitent à l'église ou à la mosquée pour effacer leurs pêchers, toi tu cours à LIDL, pour te racheter, nous offrant nos bonbons préférés. Ça fonctionne, on est élevés comme ça. Un cadeau contre un silence.

Fratrie unie

On se rassure comme on peut, tous ces coups ont soudé la fratrie. On résiste ensemble. On ne se dénonce jamais, c'est la règle d'or dans la famille. La DELATION c'est pour les faibles. Entre frères et sœurs ça coule de source, jamais nous ne nous trahirons.

J'en veux pour preuve le jour où nous cassons les volets de la chambre. Face à un père furieux qui nous demande des explications, ni mon frère, ni moi, ne parlons. On baisse tous les deux nos pantalons. Puis nos slips de petits garçons. On est mignons. Les coups de ceintures déferlent, les premiers sont toujours insoutenables, les suivants sont lancinants. Je pleure souvent le dernier. Je soupçonne mon père de me taper plus fort à mesure que je résiste et m'habitue à sa violence. C'est devenu une performance. A la fin du supplice nos corps sont meurtris de douleur mais nous n'avons pas trahi nos valeurs. Je suis sûr que mon père est fier. Si nous nous dénoncions nous serions doublement sanctionnés. Mon père, malgré sa lâcheté aime nous transmettre des "valeurs d'hommes". Des valeurs transmises principalement durant son service militaire en Algérie.

Je découvre à travers les colères de mon père, que la solidarité fraternelle est notre meilleure arme au sein de la famille. C'est tout ce qu'il nous reste d'à peu près sain et solide. Lorsque je prends des coups à la place de ma sœur je suis fier, je la protège, le reste m'importe peu. Lorsque je prends des claques à la place de mon grand frère c'est pareil. Petit à petit, je deviens la tête brulée de la maison. La douleur je l'apprivoise même si certaines techniques de claques dans la tête sont à la limite de me tuer.

La diversité des claques

Que serait un enfant battu sans ces petites claques distribuées de façon très diversifiée? Je pourrais en faire un livre entier tellement cette main perverse innove. Elle fait varier la vitesse, la technique, la force, l'intensité avec laquelle elle vient se poser sur mon visage. Elle a toujours un goût différent. On peut comparer ça à un plat de pâtes qui reviendrait souvent au menu avec un nombre incalculable d'assaisonnements possibles. Les claques c'est mon plat de pâtes. La DOUBLE CLAQUE SURPRISE c'est le summum, le service trois étoiles, j'y goûterai une petite dizaine de fois. Je passe dans le couloir étroit de notre HLM, mon père se met sur mon passage en me fixant, et boum! Avec force et rapidité, comme un joueur de cymbales, il vient m'écraser la tête entre ses deux grosses mains. Je suis sonné je ne comprends rien et je retourne hébété, engourdi, dans ma chambre. Après quelques minutes j'ai vite envie de raconter la mésaventure à mon frère. C'est la distraction de la journée qui nous aura bien fait marrer. Cette double claque empêche l'amortissement du coup, la douleur résonne alors en nous et l'effet de surprise empêche toute anticipation, toute tentative d'esquive. Je me dis à chaque fois qu'il m'a bien eu sur ce coup-là Papa. Il est trop fort. Mon père a cette bienveillance envers nous, il met du cœur et de la saveur dans ses coups. Bon appétit !

Etre un enfant battu c'est ça aussi, on en rit pour ne pas en mourir.

Le pipi

Parmi les hommes qui me lisent, qui vise parfaitement le trou de la cuvette des WC ? Moi personnellement je n'ai que neuf ans et je suis loin d'être expert. Ça a été l'occasion de goûter mon pipi. Papa est brillant pour nous aider à mieux viser! Il nous fait nous laver le visage avec notre propre urine. Après un regard échangé avec mon grand frère, on pose nos mains dans les gouttes de pisse pour nous en badigeonner le visage. On sait que notre dignité d'enfant est encore une fois bafouée.

L'enfant né sans arme est bien loin. Je commence à devenir un enfant sans honneur. C'est comme ça que je vis les choses à ce moment précis. Je ne regarde plus vraiment mon père comme un papa qui fait des erreurs, je n'arrive même plus à m'auto-culpabiliser. Je sais pertinemment qu'il y a quelque chose qui cloche. Je me demande bien du haut de mon mètre vingt, si les autres enfants ont goûté leur pipi et surtout s'il a le même goût. Mon regard s'assombrit. Un regard vide, noir de haine qui me suit toute ma vie.

Ce regard sombre me sera reproché durant mes nombreux passages au tribunal, notamment aux assises où le procureur s'improvise psychanalyste et déduit simplement que mon regard noir est la preuve que je suis un voyou qui terrifie les témoins au procès. Si tu savais, c'est bien plus compliqué que ça. Sans rancune Monsieur le Procureur.

Embrasser les pieds

Mon père est un artiste, il a une imagination débordante. Parfois pour des raisons idiotes ils nous demande de lui embrasser les pieds. Mon père dépasse les limites. Quand je m'exécute, je dépose mon BISOU d'enfant innocent sur ses méchants pieds rondouillets, après plus rien. Il n'y ajoute même pas une petite tape. Je devine une gêne, celle du pervers à la fois satisfait et conscient d'être allé trop loin. Moi qui a perdu une part de ma dignité avec son crachat, une autre avec mon pipi, imaginez un peu où j'en suis quand je m'incline pour poser mes lèvres sur ses pattes velues. Je n’ai plus rien. Je deviens petit à petit un enfant paumé. J’aimerais vous dire qu'un beau jour je me suis métamorphosé en lion qui dévore son père sur un excès de colère, mais non je suis un impuissant bon à rien, un "enfant-caca", c'est comme ça que je me vois.

Aux assises on retracera mon enfance difficile, mon parcours chaotique. Ils se trompent de coupables. Les coupables ce sont mes parents. J'assume tout, mais eux aussi auraient dû comparaitre devant cette cour pour avoir engendré un enfant troublé qui banalise la violence, qui minimise la gravité quand il s'agit de saucissonner, séquestrer, menacer.

Innocence volée

Je suis né sans haine. En l’espace de dix ans mes parents ont conditionné le reste de ma vie. Quand j'entre au collège l'innocence m'a quitté. Je ne suis que COLERE et rage. Je me tiens prêt, à la moindre altercation, à la moindre sollicitation, je redistribue injustement toutes les claques que j’ai reçues, dont la fameuse double-claque. Un enfant battu n'oublie pas, il forge sa personnalité en ramant, naviguant difficilement entre apprentissage et destruction. Heureusement, il y a cet abri, ce repaire où je peux reprendre mon souffle. Mon jardin secret tout le monde le connait, c'est un lieu de paix, où la liberté, l'égalité et la fraternité sont les règles qui m'ont marqué. Mon refuge, c'est l'école de la République Française. Je ne le sais pas encore, mais cette Institution va m'enlever progressivement des griffes de mes parents.

Chapitre 2 : Bienveillance des professeurs

Quelle chance ! Quelqu'un d'intelligent a inventé l'école (et cela bien avant Charlemagne) ! Peut-être était-ce un enfant battu qui cherchait à fuir ses parents ! Je ne suis donc pas destiné à rester chez moi et à supporter les coups, il existe en France une institution où l'enfant est protégé de ses parents. Et bingo ! L'école est obligatoire. Merci Jules Ferry !

C'est l'un des premiers endroits où je retrouve le sourire. Je suis de nature optimiste, très souriant, sympathique, mais les années d'animosité ont altéré mes qualités. Mon côté blagueur et mon sourire refont parfois surface entre deux châtiments à la maison, sauf qu'il existe aussi une sanction pour excès de rigolade. Difficile de voir sa progéniture s'amuser, d'entendre des rires en cascade, quand on est une bête blessée, frustrée de ne pas connaitre ce sentiment qu'est l'épanouissement.

L'école primaire m'aide, me protège de ma famille. Elle me permet de rire librement, de m'exprimer, à l'excès parfois comme pour rattraper un quota qu'à la maison je n'atteins pas. C'est à l'école que j'apprends tant de choses, je découvre le dialogue, la douceur, la bienveillance des enseignants, l'écoute du directeur, j'apprends à être humain simplement. Je découvre autre chose que ma vie d'animal.

Mon frère

L'agressivité c'est pas inné, ça vaut pour moi, pour mon grand frère aussi. La violence on s'y acclimate puisqu'on ne peut pas s'en détacher. Sa discrétion le préserve un peu. Moi avec ma grande gueule je n'ai pas de répit, à tout moment ça peut tomber, je ne suis pas à l'abri d'une averse de coups. Mon père a l'habitude de dire à mon frère qu'il est un cancre, une merde, un déchet, ou pire, qu'il n'est rien. Cela durera plus de cinq ans. Mes parents le rabaissent constamment. Une humiliation qui s'inscrit au feutre indélébile dans sa mémoire d'enfant. En parallèle, ils me félicitent pour mes résultats à l'école, entre deux claques, et me décrivent comme le meilleur de leurs fils. Je sais me battre, je réussis à l'école alors que mon frère est un élève moyen. Si au moins il avait été bagarreur il aurait gagné quelques points à leurs yeux. S'instaure alors doucement, discrètement, sournoisement une JALOUSIE fraternelle dont je paierai le prix fort.

Au collège les choses se corsent, je deviens très violent, à la hauteur de la violence à la maison. Mais les bons résultats sont là. Mon père continue à me battre. Ma mère aussi. Je suis privé de tout. Je n'ai droit à rien. Nous passons nos week-end à la maison. Pas de sorties, pas de ciné, pas de virées à la piscine ou à la patinoire. Mon frère et moi, on va au centre aéré pendant les vacances scolaires. Les loups sont de sortie, impossible de canaliser deux pré-ados en pleine mutation dont le cerveau est déjà gangréné par la violence familiale. On répand ce trop-plein de fureur au centre aéré. Je finis par être viré et envoyé vers une autre base de loisirs, le but étant de nous séparer mon frère et moi car nous sommes forts à deux. La famille, la vraie ! Je crois que c'est le dernier souvenir de solidarité fraternelle entre nous. Notre relation fusionnelle s’essouffle à la fin du collège.

Le vélo de Papa

Un jour, le proviseur fait part à mon père de son inquiétude car je traine devant le collège avec un jeune du quartier extérieur à l'établissement et extrêmement perturbateur. Un agitateur qui par la suite atterrira en prison pour tentative d'assassinat.

A la suite de cette confidence, mon père débarque à vélo à la sortie des cours. Il se rue sur moi devant mes camarades, et je reste immobile sous un feu d'artifice de claques et de coups de poings. Puis on repart tous les deux après le bouquet final où il me jette le vélo sur la tête. Jusque-là, c'est un simple père violent. C'est la simple correction reçue par un enfant battu. La suite est glaçante et traumatisante. En tournant dans une rue non visible depuis le collège il se met à plaisanter avec moi comme si de rien n'était. J'ai le visage tuméfié, je viens d'éviter de me faire assommer par sa vieille bécane, et il cherche à instaurer de la complicité avec son fils adoré ? ! Nouvelle confirmation : c'est un pervers, un FOU. Je suis stupéfait. Je ne sais plus trop où je suis, ni où je vais, mes jambes me porteront jusqu'à la maison.

Cette nouvelle scène s'inscrit dans ma mémoire tellement tristement sollicitée. Papa, s'il te plait, ne te sers pas de-moi si tu as besoin de prouver ta virilité au monde entier.

Les cheveux de ma sœur

(2001)

L'ambiance est pesante à la maison. Ma sœur est préservée des coups, c'est en spectatrice qu'elle subit les vagues de violence infernales. Mon grand frère, lui, se renferme petit à petit. Mais la violence ça se propage, ça se partage, alors ma sœur a exceptionnellement pu goûter à leur animosité. Papa et Maman n'épargnent personne.

Nous ne sommes que des enfants, enfermés constamment. Il faut contrer l'ennui. On manque parfois d'idées pour varier les activités. Un samedi matin, depuis le huitième étage de notre HLM, ma sœur a l’idée lumineuse de jeter un paquet de chips par la fenêtre, pour le voir tournoyer dans les airs. Et je me surprends à rêver éveillé que je suis cet emballage métallisé. Je pourrais fuir cet appartement dans lequel, à seulement douze ans, je n'ai que des souvenirs violents. Je pourrais m'envoler, me laisser transporter... Fini la rêverie. Mon père le pervers nous surprend. Nous mettons peu de temps à comprendre ce qui nous attend. L'un après l'autre, il nous attrape les cheveux au niveau des tempes et comme le paquet de chips dans le vent, les fait tourner habilement en les tirant. Une correction routinière pour nous les grands frères, ayant pour défi de résister chaque fois un peu plus à la douleur.

Ma sœur est novice, elle a les cheveux longs, autant dire que les mouvements circulaires des cheveux tirés au niveau des tempes sont deux fois plus douloureux. Ses pleurs résonnent en moi comme la mélodie de l'IMPUISSANCE. Drôle de façon de grandir. Les coups c’est "pas trop grave", l'humiliation c'est l'enfer, la peine ultime, bien plus douloureuse qu'une peine de prison...

Mon refuge

(2000-2003)

A partir de la 5ème, les choses évoluent. J'ai un peu plus de liberté en ce qui concerne les sorties, mais surtout, je rencontre des enseignants bienveillants. Une bouffée d'oxygène dans cette situation oppressante. L'école est mon refuge, mon havre de paix, si je pouvais j'y dormirais tous les soirs. Parmi mes professeurs, en EPS, Monsieur Gaspard m'apporte beaucoup. En réalité, il est simplement humain et bienveillant. En me motivant en sport, en parlant avec calme et diplomatie, il instaure un climat de confiance dans lequel je me plais. Il m'encourage, il m'apprécie, j'y suis extrêmement sensible. Je suis comme une éponge, prêt à absorber la plus petite démonstration d'affection. J'ai besoin d'être aimé pour avancer, pour sourire et oublier les longs moments à la maison.

A la fin de la journée, mes camarades sont impatients de rentrer, accueillis par des bras affectueux. Moi, je rentre à reculons à la maison, et c'est la violence qui m'attend de pied ferme.

Les valeurs transmises par l'Education nationale me permettent d'avoir un regard différent sur le monde qui m'entoure, elles m'ouvrent l'esprit. Je n'en ai pas encore conscience, la liberté de penser est un trésor immense.

Je souffre. Le soir je pleure souvent, et à douze ans, je n'ai pas des inquiétudes d'enfant. J'ai des craintes bien plus sérieuses et morbides. J'ai peur de perdre ma mère. J'ai peur de mourir aussi. Les menaces de mort par milliers, les coups sur la tête proches de nous assommer, les étranglements et Maman proche de l'évanouissement. Je sens monter l'ADRENALINE, mon pouls s'accélère, quand à la nuit tombée j'entends mon père passer dans le "couloir hanté" . Les battements de mon cœur et le bruit de ses pas résonnent à l'unisson. Pourvu qu'il ne vienne pas. Il nous traumatise. Il nous terrifie. Il se venge sur nous car la vie l'a accablé, car la nature l'a doté d'une étonnante lâcheté. A l'extérieur je sais qu'il se laisse marcher sur les pieds. A la maison il nous écrase comme des mouches. Petit Papa fragile.

L'ultra-violence

Mon père est parfois submergé par des vagues de frustration qui viennent s'échouer sur nous en flots de claques, de tirages de cheveux, en houles de coups de ceinture et autres techniques de torture. Parfois c'est un cocktail détonnant qu'il nous élabore. J'ai l'impression qu'il prépare à l'avance tous les ingrédients. Il a toujours tout à portée de main. Prenons la ceinture par exemple. Il a l'habitude de roder en jogging à la maison, mais je le soupçonne de programmer son usage en enfilant un jean quand il veut nous frapper. Ce moment symbolique qu'est le retrait de la ceinture me fait amèrement sourire. Il prend son temps pour se délecter de nous voir flipper ! On dit que le plaisir est dans l'attente. C'est le cas pour toi, hein, Papa ! C'est une étape indispensable, comme le chargement d'une arme, et il ne ressentirait pas la même satisfaction à nous frapper si l'odeur de la peur ne venait pas lui chatouiller le nez. Le dénouement est toujours le même. On les reçoit, les coups. Ils sont répétés, les coups. Répétitifs et routiniers. La règle de son jeu d'adulte pervers est compliquée. Nos pleurs doivent être dosés. Il veut nous voir souffrir, pas trop nous entendre pleurer, surtout nous voir résister. Mais je n'ai pas treize ans, les yeux plein de larmes, je ne comprends pas vraiment. La gestion de la douleur c'est tout un art. J'apprends à être un dur, je maîtrise plutôt bien. Je suis presque un homme. Je n'accorde plus d'importance à mes souffrances, mon corps m'envoie parfois quelques signaux mais je les ignore.

Quand la douleur est trop intense, quand le jeu du père pervers tarde à prendre fin, comme la plante qui se met en DORMANCE pour augmenter ses chances de survie, mon cerveau se met à fonctionner au ralenti. Ma mémoire se met à défaillir afin de me préserver de la douleur et du souvenir. Le cerveau humain est fascinant. Petit à petit une pelote de rage s'emmêle et grossit en moi. Je la trainerai jusqu’en prison.

L'intelligent perturbateur

La fin du collège c'est l'adolescence, la fougue. Je grandis, je serai bientôt un homme. Les coups d'éclats de Papa perdent en crédibilité. La fin du règne de la terreur à bientôt sonné. Me voilà avec davantage de libertés. J'ai quatorze ans, j'échappe doucement au contrôle de mes parents. Je sais depuis longtemps que rien n'est normal dans ma famille. Je sais depuis longtemps qu'il n'est pas nécessaire de traverser un désert de tendresse, des océans de coups, des torrents de violence et des rivières d'humiliations pour devenir un homme. Je sais depuis longtemps que la violence me monte au cerveau, je la respire, je la transpire. Je sais depuis longtemps que dans leur rôle de parents ils ne sont que des IMPOSTEURS. Etre papa et maman ce n'est pas ça, ils ne respectent pas mon droit au bonheur. Je ne peux rien dire.

L'école me permet de prendre confiance intellectuellement. Je me prouve à moi-même et aux autres que je suis capable de réussir. Ca limite aussi les coups à la maison car mes parents ont cette obsession des bonnes notes. Malgré tout ce qu'ils me font subir, Maman veut que je réussisse. C'est tellement paradoxal. Ils me pètent le cerveau, et veulent que je le remplisse !

Au collège je suis très bon élève. J'aime étudier, en particulier les matières scientifiques. Je découvre le plaisir intellectuel. J'aime mes enseignants, jamais je ne me suis permis d'insulter un professeur. Je sais d'où je viens, je suis algérien immigré, j'ai une chance immense d'être dans une école française. Mais je suis un perturbateur. J'aime rigoler, bavarder, me bagarrer. Rien d'étonnant, je relâche la pression. En classe, j'ai besoin d'amour et d'attention. Certains professeurs l'ont perçu. Parfois à la fin des cours ils m'abordent discrètement, me demandent si je vais bien. Je mens, je protège, à tort, mes parents. Ce qui m'importe c'est ce moment privilégié, l'écoute qui m'est accordée . Ça n'a pas de prix.

Conseils de discipline

Le proviseur de mon collège fait partie de ces représentants de l'Education nationale que j'admire aujourd'hui. Je suis convoqué dans son bureau un nombre incalculable de fois pour des bavardages et des bagarres au sein de l'établissement. En conseil de discipline, je tombe constamment sur une équipe pédagogique qui m'écoute. J'ai tellement envie de dire que rien ne va dans ma tête, que les coups, les menaces, les insultes me fatiguent. J'ai envie de leur dire que ce n'est pas de ma faute si je me bat, si je n'écoute pas, si je rigole en cours. J'ai envie de leur dire qu'ici tout se mélange, que mes sentiments se bousculent. J'ai envie d'avouer que je suis pris entre mon enthousiasme débordant, mon irrépressible envie de vivre et de m'exprimer et cette violence qu'il me faut à tout prix décharger car en rentrant je sais que je vais encore en emmagasiner. J'ai envie d'avouer que c'est le seul moment de la journée où je ris librement. Chez moi on ne rigole pas si Papa ne le décide pas.

J'aurais tant de choses à leur dire, à ces adultes bienveillants, mais je suis muet. Ce n'est pas par amour pour mes parents. Ce n'est pas non plus le syndrome de Stockholm qui me pousse à me murer dans le silence. Non, c'est plutôt le syndrome de l'enfant bien conscient que la colère de ses parents s'abattra sur lui en cas de dénonciation. Et si ça arrivait, jusqu'où iraient les coups? L'équipe pédagogique sera toujours patiente avec moi. Merci.

Aujourd'hui ces moments forts que sont les conseils de discipline, je les vis de l'autre côté. Je suis membre du conseil de discipline de mon établissement d'affectation. C'est un moment intense pour moi. Je me rappelle que je suis passé par là. J'y vois des enfants qui me ressemblent, les enfants que la vie endurcit parfois, fragilise souvent.

Résultats brillants

Au collège, les mathématiques je les maitrise. Et quelle fierté ! J'ai l'impression d'avoir un super POUVOIR ! Tout est si logique. Je réfléchis vite, je comprends tout, je ne travaille pas et je m'ennuie. Mon enfance violente m'a déjà rendu différent. Je n'ai pas le même regard que les autres enfants. S'ajoute à cela mon attrait pour les mathématiques, ma logique, mes bons résultats et me voilà un peu plus isolé, mis de côté. C'est le destin des enfants doués et incompris. En 2004, j'obtiens mon brevet des collèges avec 38,5/40 en mathématiques. Drôle de résultat pour un élève souffrant. A la fin des années collège, je ne ressens plus rien pour mon père, il ne me reste que ma triste Maman. Mon cœur est noué par tant d'amour, tant d'amour dans une relation si compliquée. Je l'aime. Comme un fou, à l'infini.

Amour d'une mère,

Amour instrumentalisé,

Amour amer,

Amour brisé.

C'est-ce qui arrivera... Ne plus ressentir d'amour envers celle qui m'a porté est une souffrance indescriptible. Et quelle douce et triste violence que d'en prendre conscience. Ma première incarcération sera le point de départ de notre "séparation".

Début de la délinquance

(2004)

Je suis élève de troisième. Je peux enfin sortir du vacarme familial. Mes parents sont bien trop occupés à se déchirer pour me voir m'éloigner. Je découvre le QUARTIER, ses codes et ses travers. Je suis un animal blessé, lâché dans la rue, assoiffé de liberté. Les premiers temps j'en tremble même. L'excitation est palpable et difficilement contrôlable après quinze ans enfermé, renfermé, étouffé par leur folie furieuse. Je suis un enfant qui n'a que la violence comme moyen d'expression. Le quartier m'attire. La liberté qu'il m'offre est immense. Une liberté vertigineuse, incontrôlée. Les erreurs ne vont pas manquer.

Je mets un point d'honneur à ne pas boire, à ne pas fumer (de saines habitudes héritées de mes chers parents). Je passe mes journées à analyser ce qui se passe au quartier. Je comprends vite qu'il est hiérarchisé. Certains sont des bergers, ils tiennent les réseaux de stupéfiants. D'autres sont des moutons, ils tiennent les murs, sont parfois "nourrisses", ils n'ont pas le charisme nécessaire pour évoluer dans les affaires. Moi, je décide d'être un loup. Je vadrouille seul et j'enchaîne les vols, les bagarres, le trafic de drogue. J'aime tellement le quartier, et les principes qu'il m'enseigne. J'aime tellement l'école et les valeurs qu'elle me transmet, je ne sais pas encore que ce sont deux mondes incompatibles !

Ma place dans le quartier

(2005)

Les jeunes de mon quartier sont assez sympathiques, les relations entre nous sont plutôt détendues. Dans ce groupe il y a les "Vénères", ceux dont la détermination est sans faille. Les "Vénères" ont eu une enfance presque aussi chaotique que moi. Certains ont des parents alcooliques, d'autres n'ont pas de parents, certains ont un père absent.

Nous avons tous notre histoire. A travers elle nous nous sommes construits, avec nos propres principes et des valeurs immuables : la famille avant tout, envers et contre tout ! Mais le bien et le mal nous sont difficilement différenciables. Nous évoluons en dehors de la loi. Nous faisons preuve d'une violence extrême, dont on ne connait pas nous-même les limites.

On m'appelle Kamel Le Fou, ou l'Intello Fou. Je n'ai peur de rien, surtout pas de dire ce que je pense et je suis bon à l'école. Mon franc-parler, mes réactions violentes et mon intelligence font de moi un drôle de personnage dans le quartier. Je collectionne les délits en tout genre. Je ne parviens pas vraiment à prospérer en tant que dealer car je suis trop violent, pas assez diplomate. Je n'ai pas la patience et la fibre commerciale avec les "clients".

Pour ce qui est des vols et des cambriolages, je m'en sors beaucoup mieux. Je suis observateur, calculateur, méthodique, je passe des jours entiers à tout préparer, revérifier, pour ne pas être appréhendé.

Quelques années plus tard, la même année, sept d'entre nous finiront aux assises. En promenade on retrouve le quartier. Difficile de s'en détacher...

Chapitre 3 : Délinquant brillant à l'école

Redistribution des cartes

(2004)

A la maison, notre famille déjà bien fracturée est sur le point d'imploser. Je ressens un profond soulagement. L'amour pervers entre mes parents s'essouffle. Ce doit être épuisant d'entretenir la flamme d'une passion destructrice. Quand les scènes se répètent, quand les agressions se suivent et se ressemblent, quand la douleur s'est installée car les coups sont de plus en plus rapprochés, on est lassé.

La seize mille quatre cent vingt troisième dispute éclate un soir d'été, mon père hurle et poursuit ma mère pour la frapper. Leur petit jeu du chat et de la souris me fait tourner la tête, mais Maman est fatiguée et n'a plus la force de jouer. C'est derrière moi qu'elle vient se cacher, comme une enfant apeurée. Ce soir où le soleil tarde à se coucher, Maman m'a désigné. Je dois la protéger. Mon père est transpirant de lâcheté. Il y a la chaleur de l'été et les gouttes de sueur remplies de fureur qui dégoulinent sur sa face rougie.

La peur au ventre, la rage aux yeux, je prends mon courage à une main, un tournevis dans l'autre et je le menace. Je sors de l'appartement en le défiant de me rejoindre, et je l'attends dehors pour me battre. Il est décontenancé parce qu'il sait que moi je ne fais pas de cinéma. Je me suis imaginé mille fois en train de le tuer, il l'a deviné. L'effet boomerang est inévitable, sa violence finit par se retourner contre lui. Il me l'a inculquée étant petit, je peux lui rendre au centuple aujourd'hui. Armé et déterminé, je réussis à faire trembler mon terrifiant Papa qui refuse de se mesurer à moi. Il abandonne son rôle, le rideau se baisse, c'est la dernière représentation du monstre. Voilà, en l'espace d'une seconde, je n'ai pas quinze ans et je suis devenu l'homme de la maison. A partir de là, Papa ne reviendra quasiment pas, mais l'enfer continue pour moi.

Je deviens le chef de famille, ultra protecteur. Quand je prends mon rôle très à cœur, Maman prend le contrôle et me manipule. Je m'implique avec mes tripes, je suis le mari, le confident, le frère, le fils.

Sans rancune, et sans regret Maman. J'ai fait ce que j'ai pensé juste pour ma famille, quand toi tu as été injuste et tu as profité de ma bienveillance. Le poids du départ de Papa sur mes épaules de jeune homme est bien plus écrasant que ses cent vingt kilos.

La solitude de ma mère

Elle est loin la sensation de soulagement ressentie lors du départ de mon père. On pourrait fêter ça, mais Maman voit les choses autrement. Elle n'est pas apte au bonheur. Elle lui a depuis longtemps fermé son cœur. Maman solo de quatre enfants ne supporte pas l'esseulement. Nous sommes grands maintenant, les coups font place aux cris. La victime a perdu son bourreau, et je sais bien qu'en se soumettant on peut dominer les gens. C'est-ce qu'elle faisait avec mon père. Pour Maman le manque est grand. Elle a perdu son amour pervers. Elle a besoin de manipuler, contrôler... Mais Papa n'est plus là, elle est aux abois.

Ma sœur et mon frère cadets en font les frais. L'isolement de Maman grandit, avec lui sa folie. Pendant ce temps, je continue mon ascension dans la délinquance et j'intègre le lycée.

Double vie

(2004-2007)

Le lycée répond à mes attentes intellectuelles. C'est tout naturellement que je m'oriente dans la filière scientifique. Ma curiosité est aiguisée et mon esprit est stimulé pour trouver des solutions à coups de raisonnements tranchants. Les connaissances scientifiques sont mes munitions. Je comprends rapidement que le savoir est une arme. L'époque du lycée c'est le moment où je m'implique totalement dans ma double vie de délinquant et d'étudiant. Je veux tout. Est-ce un crime de tout vouloir quand différencier le bien du mal m'est aussi inconnu que l'univers carcéral ?

Au lycée David d'Angers, lycée de centre-ville assez réputé, je poursuis une scolarité standard, mais je ne trouve pas ma place. Le contraste est trop grand. Mes camarades sont essentiellement issus de bonnes familles moi je suis différent. Ma deuxième journée débute le soir après les cours. Toujours attiré par la "mentalité de quartier", je traine en bas de chez moi avec ces jeunes qui ont une enfance similaire à la mienne, qui me ressemblent, qui me comprennent, qui ont ce franc parler, cette sincérité qu'ailleurs je ne retrouve pas.

Mes résultats en mathématiques n'étant pas à la hauteur des attentes du Bac S, je me réoriente ensuite en première technologique au lycée Jean Moulin à Angers. J'y rencontre des enseignants merveilleux. Je prends confiance en moi. Je suis le premier de ma classe en biochimie, en physique chimie et en biologie. J'ai trouvé ma voie. Le baccalauréat Sciences et Technologies de Laboratoire (STL) option Biochimie est une révélation pour moi. Ces professeurs qui m'apprécient pour mon intelligence et ma motivation, c'est tellement gratifiant. Ils mettent en avant ma capacité à expliquer et à raisonner. Rien ne peut plus me combler, même si mes excès de violence me feront renvoyer pour intégrer un lycée privé.

Le délinquant violent qui m'habite ne dort pas. J'enchaine les incidents, les altercations, les bagarres. J'ai grandi avec la violence, je me construis avec elle. Elle est la solution à chacun de mes problèmes. Elle est mon univers. Je crois même que je l'aime, la violence. Je crois même qu'elle me manque quand elle n'est pas là. Pourtant en elle je ne me reconnais pas. Papa, Maman qu'avez-vous fait de moi ?

La révélation

Il arrive à mes professeurs de me proposer de donner un cours à leur place. Il ne m'en faut pas plus. Je me sens totalement épanoui. Quel beau défi et quelle fierté de pouvoir transmettre un savoir ! A coups de métaphores, j'explique un théorème, je vulgarise les mathématiques. Mes interventions sont un succès. Lors des travaux pratiques l'enseignant qui sommeille en moi me pousse à m'impliquer. J'aime prendre des initiatives. Je participe, je donne des directives, je partage, j'aide les autres. Je me sens vivre, je me sens vivant en fait. L'école est une richesse que l'on ne peut estimer. Je suis lycéen, j'ai une chance insolente d'être là, dans un système éducatif qui me pousse à m'ouvrir au monde, un système que me donne les armes pour ne pas tomber dans l'ignorance ou l'obscurantisme. Je prends plaisir, en plus des connaissances que j'accumule, je me nourris de ses relations saines qui m'ont tant manquées. J'aime échanger avec mes enseignants. C'est toujours le cas avec mes collègues à présent.

Philosophie

La découverte de la philosophie au lycée est une forme de thérapie. Je ressens une espèce de libération intellectuelle. La philosophie me rassure. Le monde est si vaste, la vie est si courte, et je ne suis pas fou! Les philosophes avant moi se sont torturé l'esprit sur le sens de l'existence. Mon professeur repère mon esprit vif. Il casse parfois la routine et me laisse m'assoir à son bureau. Face à la classe, on partage tant d'idées. Une position qui m'inspire... Et si je devenais professeur ?

L'exploration de la biochimie

La biochimie est une matière extraordinaire. C'est la rencontre de la biologie et de la chimie. J'étudie les êtres vivants au niveau cellulaire. Je suis époustouflé. Nous ne sommes que des ensembles de molécules qui fonctionnent grâce à des interactions chimiques. C'est presque poétique, ces procédés chimiques, invisibles, microscopiques qui nous conditionnent et nous animent. Il n'y a pas place pour le mystère. Mon professeur apprécie mon dynamisme et ma curiosité. Je commence sérieusement à avoir des projets d'avenir. Seule ombre au tableau, ma rencontre avec LETO et la poursuite de mon parcours de délinquant. Les années lycée ne m'empêchent pas d'être hors la loi. Je trouve un équilibre fragile dans cette double vie.

Petits business et grande détermination

Au sein du quartier je vois les chefs de réseaux s'enrichir facilement. Je rêve, je veux l'argent facile, je veux enfreindre la loi et je veux le monde. Mais pas question de dépendre de quelqu'un. J'ai trop soif de liberté. Les cambriolages viennent s'intégrer dans ma routine d'enfant perturbé, dans mon emploi du temps d'étudiant brillant.

-Premier cambriolage : Chez un particulier, de l'argent liquide et des bijoux... estimés par un ami de mon frère aine et honorable bijoutier (des articles qu'il sait volés !). De là, mon envie de contourner la loi est aussi forte que celle d'en apprendre toujours plus au lycée.

-La gourmandise : Les boulangeries fleurissent dans la ville. A coups de hache, de brise-glace, de pieds de biche, j'y vais cueillir coffres et billets...

-Premier coffre : Je mets ma détermination au service de la délinquance. Je trouve mon premier coffre-fort lors du cambriolage d'une société avec mon ami Leto. Une fois volé, le coffre est mis à l'abri chez une personne de confiance, Thomas, il n'a que douze ans mais son courage est grand. Après une nuit blanche et huit heures à scier, le coffre s'ouvre, en sortent quelques liasses de billets. Puis je retourne au lycée, comme si de rien n'était, je n'ai pas dormi de la nuit mais je ne veux pas louper mon cours de chimie organique sur le mécanisme moléculaire qui produit le savon. C'est la saponification, un processus tout simplement bluffant.

J'étudie le jour, je vole la nuit. Je vis dans le secret, comme si le temps m'appartenait. Je suis autant intrigué par le mécanisme d'ouverture d'un coffre que par le mécanisme de production d'un savon. Cherchez l'erreur.

Une amitié explosive

Je rencontre LETO au lycée. Ni une ni deux, nous nous lions d'amitié. Entre lui et moi c'est l'osmose. En tout cas cela correspond à l'idée que je me fais d'une relation vraie, pleine de solidarité. Nous sommes deux jeunes ultra violents, respectés et toujours déterminés sans boire ni fumer. Nous volons tout ce qui nous tombe sous la main au lycée. La violence aussi est très présente. Notre relation FUSIONNELLE est dangereuse. Nous sommes proches de planifier des assassinats pour manque de respect. Nous échappons de justesse à une condamnation pour tentative d'homicide. Pas de quartier, seulement nous. Le monde nous appartient. Nos rêves et nos dérapages sont sans limites. On se fiche de la loi, seuls nos principes d'amitié comptent. On se fiche de l'argent et du pouvoir, on veut la liberté à l'excès, comme pour compenser une enfance oppressante. La justice nous stoppera...

Neuf mois avec sursis

Tout va vite. Une énième bagarre avec Leto. La violence à pleine puissance. Quarante-huit heures de garde à vue. Déférés. Renvoyés du lycée... En mai 2006, me voilà condamné à neuf mois de prison avec sursis pour violence en réunion. La sanction me calme. Peut-être un peu trop. Mais la violence me colle à la peau. En septembre 2006, je suis en sursis et une nouvelle altercation survient avec son lot de complications. La condamnation prononcée quelques mois plus tôt me pousse à ne rien faire, à ne pas répliquer. Un mauvais coup m'est porté et ma tête heurte un trottoir. Résultat : deux jours de coma. Je me réveille en soins intensifs. Le jargon médical est complexe mais la conclusion est simple, j'ai échappé à la mort. Après un traumatisme crânien, les séquelles sont importantes, je dois d'abord me réhabituer à respirer et à m'alimenter.

Les parties abimées de mon cerveau doivent se régénérer. Un énorme travail de rééducation et de réadaptation m'attend. Il me faut réapprendre un tas de choses. Je ne trouve plus mes mots, je les confonds entre eux, les ciseaux sont une fourchette, le bleu est devenu vert, les formes géométriques me sont étrangères. Les médecins m'annoncent que je vais devoir refaire une année de terminale car l'épuisement est immense, et la récupération prend du temps. Pas question de redoubler, je vois les choses autrement !

Un mois d'hospitalisation et deux mois enfermé à la maison me paraissent amplement suffisants. Je retourne au lycée après trois mois d'absence, accompagné de ma fatigue et de mon bonnet de laine. Je ne le quitte pas, il sert à préserver et réchauffer ce cerveau qui m'est cher. Je finis par obtenir le baccalauréat avec mention, en étant major de promotion. Ce fichu coma n'aura pas eu raison de ma motivation. Le lycée m'aura permis de confirmer mes compétences à l'école et mon penchant pour la violence.

J'évolue entre deux mondes. J'ai trouvé ma voie professionnelle, je suis fou de biologie, et j'ai la délinquance pour me sentir vivre. Malgré un environnement familial complètement instable j'ai le sourire du matin au soir et du soir au matin. JE SOURIS quand je prends des coffres-forts à la nuit tombée. Je souris quand je réussis à les ouvrir au petit matin. Je souris quand je vois le jour se lever.

Je souris quand je pars au lycée. Et je souris encore quand je reçois un 19,75/20 en biochimie. Je réussis entre deux mondes. Le fait d'être hors la loi est un choix. L'argent m'importe peu, ma quête est bien plus compliquée, je recherche sans cesse le danger. Plus le risque est grand, plus je me sens vivant. Parallèlement à cela j'essaie de canaliser mes pensées. Mon esprit est toujours perturbé par la violence de mon enfance.

Après l'obtention du baccalauréat, j'intègre l'Université.

Chapitre 4 : 1ère année ferme

J'ai obtenu l'accord du directeur de formation pour m'inscrire en première année de pharmacie à l'Université d'Angers. Il voit en moi un élève brillant avec 18/20 en biochimie-mathématiques-physique-chimie au baccalauréat. Durant cette année, je m'en sors plutôt bien mais je ne me vois pas vraiment devenir pharmacien. J'ai dix-huit ans, fraichement titulaire du permis de conduire, j'ai juste assez d'argent pour m'offrir une Clio 2 et je passe plus de temps à rouler qu'à réviser. Je redouble cette première année.

En 2008-2009, le redoublement n'aura pas l'effet escompté. C'est une période compliquée, l'esprit est ailleurs, je rencontre ma moitié, j'ai ma voiture et la vie devant moi. L'université est synonyme de liberté, l'obtention du permis également, de nouveaux délits sont possibles.

18 mois ferme

C'est une soirée de mai qui avait plutôt bien commencé avec les amis du quartier jusqu'à ce qu'une violente altercation éclate avec un autre groupe. La nuit aux douces températures échauffe les esprits et tout s'emmêle. Dans un brouillard de coups de poings, de jets de parpaings, de coups de brise-glace dans les voiture "ennemies", un "ami" fuit avec MA voiture en percutant l'un de nos agresseurs.

En 2008, je suis poursuivi pour agression aggravée avec arme et condamné à dix-huit mois de prison ferme. Je n'ai jamais dénoncé le chauffard. En appel, je démontre les erreurs qu'il y a dans le dossier et je suis relaxé.

L'écriture du livre est prématurée. Je veux rendre publique mon parcours. Je veux rapidement partager mon histoire pour donner la force au plus jeunes, m'enlever ce poids du voyou enseignant. Je me contente de retranscrire les affaires pour lesquelles j'ai été interrogé, relaxé ou condamné. Je ne peux donc pas tout divulguer, ni les interrogatoires dans certaines affaires graves, ni certains délits « criminels » prescriptibles au bout de dix ans pour lesquels je pourrai être amené à m'expliquer. L'essentiel du message n'est pas dans la liste des affaires que l'on m'impute mais plutôt dans ma détermination à ne pas quitter le système scolaire coûte que coûte. Cette partie de moi bien consciente que les études étaient la seule issue n'a cessé de grandir pour anéantir mes sombres désirs.

Cocktail Molotov

Fin novembre 2008, je redouble ma première année de pharmacie, LETO me demande de l'aide. Il s'agit d'une sombre affaire de jalousie. Mon ami a besoin de moi, je suis prêt à tout pour lui, notre relation est tellement forte. Il faut organiser des représailles. Nous sommes trois hommes au clair de lune. Avec mon expérience pharmaceutique, sans gants et dans la précipitation nous préparons des cocktails Molotov, que nous jetons dans un appartement. Une semaine passe. Je suis placé en garde à vue pour tentative d'homicide... Je n'ai pas conscience de la gravité des faits. Il n'y aucune trace du passage de Leto. Il n'est pas appréhendé et pas question de le dénoncer. Nous n'avons pas fait de victimes ce soir-là. Quelle chance on a ! Ils l'ont échappé belle et nous aussi ! Si nous avions fait des blessés ou même des morts, rongé par le remords, qu'aurait été ma vie? Pendant mes quarante-huit heures de garde vue j'ai tout de même une petite pensée pour la jolie brune qui m'attend au même moment. J'ai manqué mon premier rencart avec elle à dix-huit heures. Je passe la soirée au chaud au commissariat, pendant qu'elle m'attend dans le froid !

L'affaire est jugée en septembre 2009, soit dix mois après les faits, et rapidement reclassée en mise en danger d'autrui. Heureusement pour moi. Le couperet tombe. Trois ans ferme pour le troisième homme. Un an ferme pour l'étudiant en pharmacie que je suis.

La justice tente de résoudre un problème que j'ai depuis mes six mois quand le papa de Papa est mort devant moi, quand la violence est entrée dans ma vie à coup de fusil et n'en est jamais plus sortie.

Bonnie and Clyde

(2008-2010)

Le soleil brille et les oiseaux chantent pour célébrer l'été 2008 qui va faire son entrée. C'est à ce moment qu'elle apparait aussi. Tous les jours elle traverse le quartier. Tous les jours, elle traverse ma rue, tête baissée, toujours très discrète. Elle ne parle à personne, elle va retrouver son petit ami. Lui, c'est mon nouveau voisin, mon client aussi. Elle, je la croise parfois dans l'ascenseur. Je l'ai repérée depuis un moment, elle est belle et ses yeux qui crient au secours m'enivrent. Elle ne m'a pas remarqué, elle est ailleurs et pas du tout intéressée!

Je crois que tout s'est passé dans le regard. Elle a lu dans le mien ce mélange de haine, rage, violence, tristesse, espoir... Et dans ses yeux j'ai vu sa passion et toute la fatigue d'une anorexique-boulimique, épuisée d'avoir aimé pendant des années un alcoolique. Mais ça ne va pas plus loin, pas même un mot, pas même un sourire échangé. Puis elle disparait. Je ne la vois plus passer au quartier... Je crois qu'ils sont séparés...

C'est en décembre 2008, après avoir usé et abusé de ma ruse et de mon pouvoir de persuasion que j'ai obtenu LE rendez-vous avec elle ! Nous sommes le 2 décembre, il est dix-huit heures, elle m'attendra quarante-cinq minutes dans le froid puis partira. Elle ne sait pas encore qui je suis. Elle ignore qu'au même moment, je suis en garde à vue. On se verra le surlendemain.

Le 4 décembre les présentations sont faites, CAROLINE me fait tourner la tête. Je lui apprends par la suite que je suis poursuivi dans le cadre d'une affaire grave. Et puis merde, je me lance. Je risque de la perdre avant même que quoi que ce soit ait commencé, mais je m'en fous. Je lui raconte tout. Je veux qu'elle sache qui je suis. Je lui confie les choses les plus sombres, ce que je ne peux écrire dans mon livre. Je veux nous donner une chance. Elle est tellement douce et pourtant, je crois que la douleur et la violence lui sont familières. Elle ne me tient pas rigueur de mes nombreuses erreurs. On se revoit le lendemain et notre histoire commence!

On s'aime dans notre désarroi, dans nos souffrances respectives. Elle est malade, rongée par la boulimie, tourmentée par sa vision du monde et son extrême sensibilité. Moi je suis mal dans ma vie aussi. Alors on ne s'épargne pas. On passe des brulantes déclarations aux menaces enflammées. On s'aime comme on se déteste parfois, mais c'est ainsi que nous évoluons, dans l'incandescence d'un amour insolent. Je trouve en elle une partie de moi. C'est la première fois que je rencontre quelqu'un comme ça.

Durant mes années d'études supérieures je décide de vivre à fond. Avec Caro. On vient d'avoir dix-neuf ans, on se sent invincibles. Elle abandonne sa formation en graphisme publicitaire. Je laisse la Faculté de pharmacie derrière moi. Sans regrets. J'aime sa folie et son courage et la fragilité qu'elle ne dévoile qu'avec moi. On a les mêmes valeurs, les mêmes principes : la sincérité, le soutien sans faille pour la famille, la recherche de l'amour passionnel ou rien. Avec elle je veux tout partager. On s'embarque donc dans une série de cambriolages d'entreprises ou chez des particuliers. On part en week-end, en vacances, on ne paie pas les hôtels, on vole, on n'hésite pas à se battre. On sort tous les soirs. Elle conduit sans permis. Je vends de la drogue. On se croit seuls au monde. L'amour inconditionnel, le vrai. A deux on est plus forts.

J'aime son sang-froid et sa minutie aussi. On roule la nuit, équipés pour cambrioler. Je force les entrées. Elle fait le guet. On se glisse dans les bâtiments, à la recherche de ce qui nous permettra de partir en vacances les jours suivants. Une fois à l'intérieur, Caroline prend les devants. Elle s'énerve quand je ne suis pas assez précautionneux. Elle est ultra minutieuse. Elle évolue dans le noir, s'assoit tranquillement et dévisse un à un tous les branchements des matériels high-tech. Elle range tellement bien tout notre butin dans les sacs de sport. Seul, je ne restais jamais plus de cinq minutes dans une société. Avec elle on ira jusqu'à rester plus de deux heures à dévaliser une entreprise, sans jamais se faire attraper.

On vit notre amour dans l'excès. On ne respecte pas la loi. Il nous arrive de dérober mille euros, juste assez pour partir en Espagne. Il nous arrive de ne rien avoir et de partir quand même. Une année à se foutre de tout, à ne penser qu'à nous. On cherche à tout prix le danger. Une rencontre qui m'a transformé, et des jours et des nuits à refaire le monde et à le voler ! Nos aventures de « petits voyous » en couple prennent fin quelques mois plus tard lorsqu'on s'installe dans notre appartement. Elle sait déjà qu'on vaut mieux que tout ça. Je n'ai pas encore ce recul mais une chose est sûre, je n'abandonnerai pas les études.

Chapitre 5 : L1 biologie et 1er bracelet électronique

(2009-2010)

Au mois de septembre 2009, à la sortie du procès dans l'affaire des cocktails Molotov, j'ai une peine d'un an à tirer. Je ne fais pas le fanfaron. Le bracelet électronique ou PSE (Placement sous Surveillance Electronique) est un aménagement possible depuis peu pour les condamnations de cette durée. J'envisage d'en faire la demande. Je dois d'abord prouver que j'ai de solides perspectives d'avenir. Dans la foulée, je reprends mes études en première année de Licence de biologie. Durant cette première année de Licence, je me calme un peu en attendant l'aménagement de peine pour mon année ferme. Je suis en Faculté des Sciences. Ma Caro est dans le bâtiment en face du mien, à la Faculté des langues. On a notre appartement. On prend plaisir à étudier, réviser, et..."voyager" en Andorre.

Andorre

(2009-2010)

Après un reportage sur la contrebande de cigarettes, je décide de me lancer sur un coup de tête. Et me voilà avec ma moitié sur la route de l'Andorre. Premier essai concluant. J'ai trouvé un nouveau moyen de gagner un peu d'argent. Je quitte la ville et le pays pour seulement quelques jours mais c'est grisant. Je sors de ma zone de confort. Sur le trajet, mon moment préféré, je me perds dans mes pensées, ou je les partage avec Caro. On vit comme on l'entend, c’est-à-dire intensément. On termine les cours le vendredi après-midi, on prend la route à minuit. Arrivés en Andorre le samedi, on charge la voiture puis on repart. Le dimanche est consacré à la revente et aux révisions. Le lundi on reprend notre routine d'étudiants, surtout qu'avec Caroline on est des élèves plutôt brillants.

Je réussis à remonter à la frontière avec cent cartouches à revendre. Parfois on s'arrête à l’hôtel pour se reposer et les entreposer. Caroline peut prendre le temps de les recompter, les ranger, sans oublier les litres d'alcool qu'il faut bien caler. Ah! Son coté maniaque en toutes circonstances ! En l'espace d'un an, je génère assez d'argent pour vivre très correctement en tant qu'étudiant. Après une cinquantaine de voyages en Andorre, l'aventure prendra fin.

1ère demande d'aménagement de peine (2010)

Je mène tranquillement ma double vie. Cette première année de biologie est un succès, j'ai d'excellents résultats. Mes enseignants sont chercheurs à la Faculté des Sciences. Ils m'accompagnent dans mon parcours scolaire. Ils ne sont pas dupes et savent bien que je ne suis pas qu'un simple étudiant. Ils savent que le quartier peut à tout moment me rattraper mais ils ne s'intéressent qu'à mes notes et à mon comportement irréprochable à l'Université. Je me permets donc de les solliciter dans le but de présenter leurs lettres de soutien au juge d'application des peines que je dois rencontrer au deuxième semestre. Ils ont la lucidité de comprendre que si la Faculté m'abandonne je n'ai plus rien à quoi m'accrocher. Depuis mon plus jeune âge c'est l'école qui m'a sauvé. Ces enseignants universitaires, loin de mon monde, à mille lieues de la délinquance et des déboires judiciaires me soutiennent. Un appui qui étonne le juge. Il acceptera ma demande de Placement sous Surveillance Electronique en février 2010. Le soutien des professeurs a joué en ma faveur !

Le soutien de mes professeurs : acte 1

Extrait d'une des nombreuses lettres de soutien :

« M. X. Maitre de conférence à la Faculté des Sciences d'Angers

A Angers le 13/01/2010

Attestation à l'attention du Juge d'application des peines :

Mr Kamel Madani, inscrit à la Faculté des Sciences en première année de Licence Sciences du vivant et Géosciences, a assisté de façon assidue aux cours ainsi qu'aux travaux dirigés de chimie générale, que j'enseigne, durant tout le premier semestre de l'année universitaire 2009-2010.

Kamel est un étudiant sérieux, ambitieux et brillant. Ses notes aux divers contrôles continus de chimie attestant de façon évidente son envie de suivre et de réaliser une scolarité brillante. En effet il a eu 18,75/20 au premier contrôle continu, 18/20 au second, et 19,75/20 au troisième.

M.X »

1er bracelet électronique

En mars 2010 me voilà équipé d'un gros bracelet noir, posé sur ma cheville et relié à un boitier, avec des horaires à respecter. Une arrangeante alternative à la prison. Malgré les contraintes, la situation est bien plus agréable qu'un séjour en cellule. Je poursuis alors le deuxième semestre de mon année de biologie. J'étudie sérieusement mais je n'abandonne pas le trafic de drogue. Je passe l'été enfermé chez moi mais Caro est là. Elle supporte mes changements d'humeur et rêve pour nous d'une vie meilleure. Ce qu'elle ne sait pas c'est que ce premier aménagement ne me permet pas de me réinsérer. Il m'aide à ne pas couler. Il me canalise. Il m'évite de monter en puissance sur l'échelle de la violence et de la délinquance. Je ralentis les délits. Le bracelet me fait réfléchir, mais pas assez.

En septembre 2010, j'accède à la deuxième année de Licence de biologie cellulaire. En octobre, j'enlève enfin mon bracelet électronique. Fini les contraintes. Je vais pouvoir vivre comme je l'entends. Sauf que je ne suis pas blanc comme neige. Je n'ai pas les fournitures du parfait étudiant. J'ai une arme à feu, une cagoule, des armes blanches, une hache, un brise-glace et mon pied de biche. Ce n'est pas ce qu'on peut appeler repartir sur de bonnes bases. Je commence tout de même à réévaluer l'intérêt d'être dans la délinquance. Pas assez. Mon enfance violente m'a laissé des traces tenaces dans le cœur et l'esprit. Je suis un jeune adulte de vingt et un ans qui n'a pas choisi son camp.

Chapitre 6 : L2 biologie et 1ère incarcération

(2010-2011)

Lorsque j'effectue ma peine sous PSE, je ne perds pas contact avec mes amis du quartier... Quand j'enlève le bracelet à l'entrée en deuxième année de Licence, les vieilles habitudes refont surface.

Le loup blanc

Le loup blanc, c'est ainsi que l'appelleront les journalistes aux assises, pour moi c'est juste un homme hors norme. Je suis ami depuis longtemps déjà avec THOMAS. Notre première vraie rencontre c'est lorsqu'avec Leto nous prenons un coffre assez imposant et que nous nous rendons chez lui pour l'ouvrir. Il n'a alors que douze ans. Notre amitié nous emmènera aux assises.

En octobre 2010, je viens d'enlever le bracelet. Je suis en liberté conditionnelle et l'idée de faire un « gros coup » nous effleure l'esprit. Thomas alors âgé de seize ans, est déterminé. Je n'imagine pas jusqu'où ça nous mènera. J'ai un contact, l'ami de mon frère aîné, un bijoutier réputé qui a l'habitude d'estimer mes bijoux volés. Il m'indique une adresse, celle de riches clients chez qui il sait que l'on pourra trouver bijoux et argent. Un cambriolage qui se transforme en braquage... Nous serons par la suite interrogés dans trois affaires de braquage avec "saucissonnage". La justice estimera qu'il n'existe pas de charges suffisantes à notre encontre.

Le braquage

(2010)

Je suis alors en Licence 2 de biologie cellulaire, quand un soir de novembre 2010 a lieu le braquage dans la vaste demeure d'un quartier huppé. Thomas me l'avait dit, il était déterminé mais les choses ont mal tourné et ce n'était que le début. Très peu de jours après les faits, Thomas et d'autres acolytes sont placés en garde à vue puis écroués. Accusés de vol à main armée en bande organisée.

Pendant ce temps je termine ma deuxième année de biologie. Je suis admis en troisième année de Licence. Mon projet se concrétise. Le Master se rapproche à grand pas, avec lui les clés de l'enseignement ou de la recherche. Ma Caro ne sait rien. Elle n'a rien su de mes sombres intentions. Elle n'a pas eu vent du braquage. Je laisse passer le temps. Je retarde l'échéance. Elle croit en mon projet d'étudiant, pas en celui de voyou.

Le 7 juin 2011 tout bascule. Le SRPJ (Service Régional de Police Judiciaire) d'Angers me soupçonne d'avoir commandité le braquage pour lequel Thomas a été écroué quelques mois auparavant. Des policiers tambourinent à ma porte très tôt ce matin de juin. Je n'ouvre pas. Caroline est là devant moi, les bras ballants, elle a compris. Elle sait que l'heure est grave. Elle sait que celles qui suivent nous sont comptées. C'est notre futur que j'ai fragilisé. Je décide de quitter précipitamment la France. Avec elle. Bien qu'à ce moment-là entre nous ça n'aille pas, pour Caro, pas question de me laisser partir comme ça. Durant cette petite semaine d'évasion, je prépare mes arrières. Je donne mes dernières recommandations. J'apprends que le charmant bijoutier m'a dénoncé...

La rencontre en garde à vue

Le 14 Juin 2011, après quelques jours en fuite à l'étranger, je me résigne à me présenter au poste de police. Tout s'enchaine, je me retrouve dans les bureaux du SRPJ suspecté d'un braquage. Autant dire que ce ne sera pas une partie de plaisir. Interrogé par des hommes de la Police Judiciaire, je tente de parler leur langage. Je remarque qu’ils sont respectueux, qu'ils font leur travail. Il ont du vice aussi, ils n'abattent jamais toutes leurs cartes. J'ai analysé leurs techniques d'interrogatoire, si j'assume un peu, si je parle comme un homme tout passe. Alors j'avoue ma participation partielle à ce braquage.

Durant ces longues heures un policier attire mon attention, il semble comprendre mon choix, bien qu'accusé d'être le commanditaire d'un vol à main armée. Je ne parlerai pas. Je lui explique que j'ai fait beaucoup d'erreurs mais que dans cette histoire c'est plus compliqué. Il parait me croire. Une relation de confiance se met en place entre lui et moi. C'est complètement fantasmagorique, moi le drôle de voyou je suis forcé d'avouer que j'ai apprécié un policier ! Comme mes enseignants avant, il a vu en moi autre chose qu'un délinquant.

Le rapprochement bref et irréel avec ce policier un peu spécial prend fin quelques heures plus tard lors de mon départ en mandat de dépôt. J'ai vu dans ses yeux qu'il était touché par mon incarcération. Sur le chemin de la prison de Nantes, il me laisse écrire un dernier sms à Caro: "Tu ne sais rien"... La fin de notre relation avait sonné depuis quelques mois déjà. Ma moitié s'en est allée. Avec elle, ma liberté.

1ère incarcération

Le 15 juin 2011 je suis incarcéré. Le même jour le bijoutier convie à son anniversaire celui qui l'a conforté dans son idée de me dénoncer... Pendant que je passe ma première nuit en cellule, mon frère ainé est invité chez le bijoutier...

Je suis traumatisé, quinze jours avant je prenais du bon temps à la Faculté. Je me retrouve au placard à barrer des jours sur un calendrier. J’ai atterri en enfer. Moi qui aime la vie, qui aime les études, qui aime rire, il va me falloir du courage ici. Dès mon arrivée à la maison d'arrêt, dès les premières heures écoulées et perdues à jamais, je suis fouillé. Je dois me mettre nu. C'est la procédure d'accueil du nouveau détenu, comme pour nous rappeler que personne n'est au-dessus de la loi et que nous ne sommes que des hommes faits de chair et d'os. Belle entrée en matière, les fesses à l'air dans l'atmosphère pénitentiaire ! Je ne frissonne pas de froid. Je tremble de désarroi. Je perds tous mes repères. La vie vient de me mettre une bonne claque.

Puis l'espace d'un instant, je ressens cette peur que je n'ai connue qu'avec mon père quand il me persécutait. Alors, je prends une décision violente mais tellement importante pour ma survie ici. Je me transforme, j'utilise tout le mal qu'il y a en moi, tout le mal que m'ont fait mes parents pour être un homme dur et plein de rage. La gentillesse n'a pas sa place ici. J'oublie qui je suis à l'extérieur, mes faiblesses, mes sentiments, ma naïveté et mon côté attachant. J'oublie mes peurs. Je serre mon cœur. Je garde ma détermination et mon sourire de con.

Cellule B301

Mon incarcération se déroule sans incident. Je souffre en douceur mais mes codétenus sont plutôt faciles à vivre. Et en cas de problème la violence sera ma solution. Mes poings sont prêts à m'alléger d'un peu de colère et de douleur. Etre enfermé et devoir me batte ne me fait pas peur. Depuis bien longtemps, je ne suis plus un enfant. Papa je l'ai chassé, la violence je l'ai apprivoisée. Je supporte très difficilement cette incarcération mais je ne montre rien. Entre temps la Faculté des Sciences s'organise pour me soutenir.

En prison, il y a des moments hors du temps, un peu surréalistes. Comme ce jeune en promenade qui rit insolemment et bruyamment. Moi je suis en cellule, je vois par la fenêtre que c'est Mahmoud, un ami du quartier. Il me salue comme si de rien n'était et reprend sa conversation en riant de plus belle. Je suis atterré par tant de légèreté. Les autres paraissent oublier que nous sommes enfermés. Moi pas. Je passe mes nuits à pleurer et à cogiter. La détention a l'effet escompté. Je suis en état de choc. Je ne sais pas comment mon avenir scolaire va évoluer. Tout est en suspens.

Trahison

La violence de la prison n'est rien comparée à la trahison de mon frère. Je finis par l'avoir au téléphone, un soir de juillet, un mois après mon incarcération. Il me dit simplement et froidement que je dois assumer, et me raccroche au nez... Mon frère aîné tu ne m'as pas laissé te parler :

« *Comment peux-tu oublier que pour toi un jour j'ai plongé ? Pas au sens figuré. Tu te rappelles ? Tu allais te noyer. Pas une seconde j'ai hésité à sauter pour te récupérer.*

Comment peux-tu oublier qu'ensemble on a souffert ? Et nos fous rires étouffés pour ne pas réveiller la colère de Papa ?

Comment peux-tu oublier nos regards complices et pleins de compassion sous les coups de ceinture ou avant le supplice de la pisse ?

Dans l'enfer familial, tu as oublié à quel point le fait d'être soudés nous a sauvés. Dans l'enfer carcéral, tu n'as pas idée du vide que ça fait. »

Suite à cet appel, ce soir de juillet, tout mon corps parait anesthésié, sauf mon cœur qui souffre à mille à l'heure, transpercé par l'abandon et la trahison. Ma tête se met à tourner, me forçant à m'allonger dans mon lit triplement superposé. En position du fœtus, je pleure jusqu'à m'assécher. J'avais tout misé sur la solidarité fraternelle. Je ne crois plus en rien.

Confrontation solide

Notre groupe de "braqueurs suspectés" se retrouve en août 2011, dans les geôles du tribunal d'Angers, dans l'attente d'une confrontation. Après deux mois de prison je suis soulagé de les voir. On discute à travers l'aération des cellules et on se souhaite de tenir bon. Lors de la confrontation les trois autres m'innocentent tant qu'ils peuvent. A côté de cela mon avocat présente une inscription en Licence 3 de biologie dans l'espoir d'obtenir une remise en liberté, pour que je puisse réintégrer la Faculté en septembre 2011. En attendant, je mets mes désirs de liberté de côté. Je m'en vais menotté retrouver la maison d'arrêt. Dans le fourgon, sur le trajet d'Angers à Nantes, je m'évade un peu avant le retour glaçant en cellule et je rêve du jour où je referai cette route pour aller à la plage.

C'est ce même trajet que je prends chaque matin pour aller enseigner en tant que professeur stagiaire dans mon lycée d'affectation !

Le soutien de mes professeurs : acte 2

Je passe l'été 2011 en prison. Avec ma Licence 2 en poche, je ne me repose pas sur mes lauriers. Pendant que mes camarades de la Faculté sont en vacances, moi je suis à l'ombre. Au mois d'août, je réussis à m'inscrire en Licence 3 pour la rentrée de septembre alors que je n'ai aucune certitude sur la durée de mon séjour ici. Au passage, je demande l'appui de mes professeurs. Je les ai déjà sollicités pour ma première demande de bracelet dans le cadre de l'affaire du cocktail Molotov. Les lettres de soutien s'additionnent, les appels au juge aussi. Une pétition est signée par plusieurs enseignants chercheurs. Il me soutiennent, une seconde fois, sans jamais me juger !

Le temps en cellule est mon pire ennemi. Il passe au ralenti, et mes pensées s'accélèrent. Je suis un jeune adulte fort et fragile à la fois. L'incarcération me traumatise, me bouscule et me transforme à tout jamais, je le sais. Je trouve juste d'être emprisonné du fait de la gravité des faits, mais je suis aussi tellement triste et frustré. Je pense que je vaux mieux que tout ça. J'en suis persuadé. L'été passe, avec lui, mes espoirs de rentrée scolaire s'amenuisent.

Le 4 septembre au soir, les médias ne parlent que de ça : le retours des étudiants sur les bancs de l'école aura lieu le lendemain. La soirée passe, suivie d'une nuit blanche pleine d'angoisse. Mon avenir se joue là...

J'ai fumé au crépuscule pour oublier. J'ai vu le jour se lever. Puis un surveillant vient m'annoncer que ma scolarité est sauvée. La juge ordonne ma remise en liberté le 5 septembre 2011, jour de la rentrée scolaire ! Je n'ai jamais cru au hasard.

Liberté

Le 4 septembre 2011 je refaisais mon lit en cellule. Le 6 septembre je me retrouve dans un amphi à bosser les cours, comme si rien ne s'était passé. Ma sortie de prison est également marquée par la rupture officielle avec Caroline. Nous étions sur le point de nous séparer quand j'ai été incarcéré. La prison n'a fait que piétiner nos chances de nous rabibocher. Je me retrouve seul, en Licence de biologie. La rupture est violente pour moi. Je commence à boire beaucoup, beaucoup...

Chapitre 7 : Master Biologie et Rédemption !

Quelques semaines après la fin de mon mandat de dépôt, je relativise énormément. La prison est derrière moi. Caroline est partie tant pis, c'est la vie. Je veux avancer. Vite. Je me concentre sur cette troisième et dernière année pour valider ma Licence. Mes professeurs sont extraordinaires. Tous connaissent mes déboires, personne ne m'en parle. Ce qui importe c'est le travail que je fournis, mes réflexions scientifiques et ma participation dynamique.

Le professeur de cancérologie

J'ai mon sourire de con, mais il n'a pas le même goût que celui que j'avais en prison. Me revoilà étudiant. Je m'implique à cent pour cent et je bois tous les soirs. L'année se déroule ainsi entre mes études et mes vices. L'important c'est de ne pas lâcher. La cancérologie est une matière vaste et passionnante. Avec mon professeur « Génie de la cancéro » nous ciblons plus particulièrement la biosignalisation cellulaire liée au cancer. Toutes nos cellules ont un programme de vie et de mort. Le cancer peut nous tuer par un mécanisme à faire tourner la tête, en perçant le secret de l'éternité cellulaire. Voilà ce que le « Génie de la cancéro » nous transmet durant ses cours d'une intelligence hors norme. Je suis un étudiant émerveillé, fasciné. Je comprends tout. La cancérologie c'est magique. Je me fais remarquer en cours et il me donne une chance inouïe pour la suite de mes études en m'offrant une place en stage dans son unité de recherche.

Mes écarts et mes tourments m'empêchent de m'investir à fond, je le regrette profondément mais c'est plus fort que moi. Alors je déçois mon génie de professeur. Et puis au fond, la prison est là. Elle ne me quitte pas comme ça. J'ai l'esprit ailleurs.

Rédemption

La rédemption, voilà avec quoi rime ma liberté recouvrée. C'est fini, définitivement fini. Je veux être un honnête citoyen, mais quitter les habitudes de quartier s'avère être une mission compliquée qui demande du courage et de la dignité. Un jour, je croise un ami d'enfance qui me rappelle en une phrase toute la difficulté de mes choix, en apprenant que je ne suis plus dans aucun business à présent:

"Tu sais Kamel, chaque jour qui passe sans que tu ne vendes de la drogue, tu perds de l'argent. Fais le calcul sur un an..."

Ces mots sont tristement vrais. Chaque année je perds environ trente mille euros. C'est dur à digérer pour quelqu'un comme moi qui n'a connu que ça. Mais je crois que l'avenir peut se construire autrement. Je commence à m'y faire, à mon quotidien plus modeste. Ma nouvelle double vie est différente. Je ne suis plus un voyou-étudiant mais un étudiant alcoolique. La prison on ne s'en défait pas comme ça. Trois petits mois sans liberté ont heurté mon extrême sensibilité. La solitude et le désarroi que l'on ressent là-bas m'ont définitivement marqués. Je veux m'en sortir. Je vais devoir me faire violence. Les vieux démons ont la dent dure. Je m'investis pour l'obtention de ma Licence. J'ai de bons résultats. A côté de ça, je bois beaucoup. Je fume.

En Février 2012 je renoue avec ma Caro. On s'est aimés, on s'est détestés. On s'est déçus, on s'est perdus. On s'est autodétruits chacun de notre côté, mais on n'a pas pu s'oublier... J'obtiens ma Licence en juin 2012. Je poursuis en Master Biologie cellulaire. Mon objectif professionnel étant d'intégrer un Master Recherche.

Le début du bonheur?

Master 1 Biologie Cellulaire

(2013)

Le Master biologie cellulaire est une formation remarquable. J'adore cette année scolaire, je m'implique éperdument. J'ai la chance d'effectuer un stage de recherche, en immersion durant deux mois, au Centre Hospitalier Universitaire d'Angers avec de grands chercheurs. Je suis comme un poisson dans l'eau. J'adore cette atmosphère de réflexion constante. J'obtiens même des félicitations pour mon investissement, félicitations émanant du directeur de l'unité de recherche dans laquelle je me trouve. A côté de ça, tout se passe bien, je construis doucement un avenir plus serein avec Caroline.

Le niveau en Bac +4 est élevé mais j'apprécie, je ne m'ennuie pas. Je ne partage plus ma détermination entre les études et l'illégalité. Je mise tout sur ma scolarité. J'apprends énormément de choses. Je me creuse la tête. Je me remets en question. Je fais travailler ma mémoire et mes capacités de réflexion sur des sujets tellement divers et complexes.

Mon cerveau est en constante ébullition. Le plaisir intellectuel est retrouvé, intact, je suis sauvé! Lorsqu'on me donne les outils pour réussir je ne m'arrête plus. Néanmoins, mon cursus universitaire s'arrêtera sur un refus d'intégrer le Master 2 aux vues de mes notes trop faibles en anglais (3/20). Mon rêve de devenir enseignant n'a pas dit son dernier mot.

Je prends les choses comme elle viennent, le Master 2 ne veut pas de moi, qu'à cela ne tienne je ferai autre chose. Je ne suis pas plus sensible à un redoublement qu'à un 20/20 en mathématiques. Pour moi les choses sont comme elles sont, je travaille et je m'adapte en cas d'échec.

En septembre 2013, je m'oriente vers un service civique avec, en parallèle, la ferme intention de devenir enseignant de biochimie. Une décision qui relève peut être de la folie. J'attends mon imminent JUGEMENT et je continue à être optimiste. Autour de moi on commence sérieusement à me prendre pour un égaré.

Chapitre 8 : Les assises

(2014)

Parallèlement au service civique que j'effectue dans un lycée en tant qu'auxiliaire de vie scolaire, je prépare le prestigieux concours d'enseignant de biochimie. Je passe l'épreuve écrite du CAPET (Certificat d'Aptitude au Professorat de l'Enseignement Technique) en Mars 2014, résultat attendu pour le 16 mai.

Deux ans après mon mandat de dépôt, le procès de l'affaire de 2010 tarde à arriver. On oublie un peu qu'une date ne va pas tarder à tomber. Avec Caro on est pressés de vivre. On avance. On ne peut pas se permettre de mettre notre relation et nos projets entre parenthèses. La vie est tellement courte. C'est avec joie que le douze décembre 2013 elle m'annonce que dans neuf mois nous serons trois... Notre rêve de construire une famille unie est là, tout près. Quelques jours plus tard les dates du procès en assises viennent s'écraser comme des bombes sur son calendrier de grossesse et dans notre quotidien de gens bien. Je comparaitrai les 13, 14, 15 et 16 mai 2014, pour vol à main armée en bande organisée.

Les assises

Le 13 mai 2014, il est sept heures, mon fichu réveil sonne pour m'annoncer le début de quatre journées compliquées. Je suis réveillé depuis un moment déjà. Quand on ne sait pas à quelle sauce on va être mangé le sommeil est léger. Le ventre de Caro s'est arrondi, mais tout tourne autour de moi aujourd'hui. Elle me donne ses dernières recommandations pour faire bonne impression à la barre. Je ne l'entends pas. Pour la première fois, la peur de l'avenir m'envahit et m'assourdit.

Il est dix heures, nous sommes quatre dans le box des accusés. A. , H. , Thomas et moi. Me voilà devant les trois juges, les douze jurés et le procureur.

Le premier jour de ce procès en assises est consacré à notre CV, notre parcours de vie. C'est évidemment assez émouvant. Nous avons eu une enfance atypique tous les quatre avec plus de bas que de hauts. Mon tour arrive, on retrace en cinq minutes les longues années de souffrances qui ont bercé mon enfance. Mon parcours de vie est unique. L'audience est stupéfaite lorsque j'expose ma situation depuis les faits. L'obtention d'une

Licence puis d'un Master 1 de Biologie. Et le service civique tout en préparant le concours pour devenir enseignant de biochimie. J'ai passé les écrits deux mois auparavant et j'attends les résultats ce 16 mai... J'explique que je me vois enseignant avec une vie simple. La salle s'esclaffe. Moi je suis très sérieux. Je suis à l'échelon maximum de la réinsertion.

Durant cette session d'assises, une scène improbable a lieu. Le charmant bijoutier est appelé à la barre pour témoigner. Il reconnait avoir transmis des informations sur le patrimoine et l'adresse des victimes, par inadvertance dit-il. Devant la gravité de son implication la juge lui passe un simple savon. Nous c'est la réclusion qui nous attend...

Le Russe

Dans ma vie, de nombreuses personnes se sont opposées à moi, à mes idées, à mes projets. La médaille de l'acharnement revient bien évidemment à Monsieur le Procureur. Je l'appelle le RUSSE, car en plus de porter un nom à consonnance slave, il a cette froideur dans le regard, et cette faculté à ne dévoiler aucune expression sur son visage glacial et fermé. Je découvre ce curieux personnage durant la session d'assises. Il a les lèvres pincées et les sourcils froncés.

Son regard noir balaye la salle et, chaque fois

revient se poser sur moi. Il décrit les faits. L'intrusion de trois jeunes gens cagoulés dans une grande maison, la présence de ses propriétaires, ligotés, menacés, puis l'arrivée de la police et la fuite précipitée des agresseurs "saucissonneurs", comme les journaux les surnommeront par la suite. Il m'inclut dans chaque étape du braquage sans aucune preuve. Une fois lancé on ne peut plus l'arrêter.

Il poursuit sa logorrhée et surenchérit en me soupçonnant d'être le chef d'un réseau de braqueurs angevins. Rien que ça. La liste des braquages est conséquente, environ six attaques violentes avec ligotage pour la plupart. Il me décrit comme le cerveau de l'affaire, un jeune homme dans les études supérieures qui met son intelligence au service du crime.

Le quatrième et dernier jour du procès il requiert six à dix années de réclusion criminelle. Il explique le danger que je suis pour la société en me présentant comme le commanditaire du fait de ma "réussite scolaire".

Verdict

(16- 17 mai 2014)

Le délibéré dure plus de sept heures. L'attente est insoutenable. Je suis dans une petite salle du tribunal avec les deux autres accusés, le quatrième s'étant évadé en plein milieu du procès. La fatigue et la nervosité ont pris possession de mon corps et de mon esprit. J'attends bêtement ma sentence, entre éveil et inconscience.

Caro avec son ventre rond attend sagement aussi. Elle a préparé avec soin mes affaires en cas d'incarcération. Je sais qu'elle ne se fait pas à l'idée que je puisse être écroué. Je sais qu'elle ne s'imagine pas rentrer à la maison sans moi. Caro est optimiste, utopiste, même dans le pire des cas ! C'est cet acharnement à refuser la fatalité qui nous donnera la force de rêver et de nous battre.

Avant l'accablant verdict, je reçois les résultats de mon passage à l'épreuve écrite du CAPET de biochimie. J'apprends que je suis recalé, je suis déçu mais soulagé. Imaginez ma frustration si j'avais été incarcéré en étant admissible à ce concours d'entrée !

La sentence tombe le 17 mai 2014 vers une heure du matin, fracassante, plus violente que les coups, plus destructrice que les armes. Je ne sens plus mes jambes, mes oreilles bourdonnent et mon cœur fait des nœuds. C'est un affreux bordel dans ma poitrine mais je suis trop occupé à désembuer mon cerveau pour réagir en homme pour ma Caro. Elle et moi on ne se quitte pas des yeux. On retient nos larmes tant qu'on peut. Et je m'excuse en boucle, et puis merde je n'ai pas les mots. Elle est enceinte de six mois. Elle est fatiguée. Elle tremble de tout son être. Elle a entendu comme moi : quatre années de réclusion criminelle pour Kamel Madani, huit années de réclusion pour les trois autres.

Avocat Baba au rhum

La palme de l'absurdité revient à certains de nos avocats, la mienne en particulier. Pendant le long délibéré, ils se retrouvent dans un bar pour boire. La pression monte pour nous, l'attente du verdict est insoutenable. Eux savourent et se détendent. Délibéré à rallonge et soirée arrosée pour nos avocats en plein procès. Ils savent que le verdict va tomber, qu'ils se doivent d'être présents et d'avoir un comportement décent, ils ont prêté serment. Ils savent que l'heure est grave quand le procureur requiert six à dix ans. L'affaire a été médiatisée, ils ont sûrement besoin de le fêter. L'avocat n'est que théâtralité et soif de notoriété. Ce soir-là, il sera surtout en état d'ébriété !

C'est après cet apéritif prolongé que nos avocats respectifs se présentent à la fin du procès. Ce moment où finalement on a le plus besoin d'eux, quand la sentence s'abat, quand on a plus rien à quoi se rattraper. Quand on nous enlève la liberté.

La voilà donc, mon avocate. Elle se présente au délibéré parfumée à l'alcool. Elle est plus imbibée qu'un baba au rhum ! Elle me chuchote des choses incompréhensibles. Elle titube. Elle me dégoute. Quand le verdict tombe, elle ne réagit pas. Les pupilles dilatées, elle est anesthésiée, elle n'arrive plus à parler. Incapable de répondre aux interrogations de ma compagne effondrée.

Incapable d'aligner trois mots quand son client est menotté. Scène surréaliste en plein tribunal me direz-vous ! C'est pourtant ça aussi la réalité des assises. Les avocats sont dans un monde à part, ils n'ont même pas la décence d'attendre la sentence pour reprendre leur vie de débauche. La détresse des gens et les sommes d'argent en jeu sont bien trop grandes pour en faire des gens vertueux.

Après l'assommant verdict, l'horreur continue... Menotté dans les geôles du tribunal, mon entourage se presse pour me dire au revoir. Mon père a ressurgi dans ma vie et me promet la lune. Ma sœur aussi. J'ai quatre ans à "manger" et comme dit Lacrim, je les ferai sur un pied si ma famille est unie. Je n'exige d'eux qu'une chose : soutenir ma Caro et ma Lily qui naîtra bientôt. Mais c'est trop demander... Les belles paroles au clair de lune s'envolent et nous éclairent sur la lâcheté de l'homme.

Là, dans l'enfer, mes derniers espoirs s'embrasent. Mes proches irresponsables à qui j'ai voulu pardonner n'ont pas su se rattraper, même en me sachant condamné pour plusieurs années. Une double peine !

Chapitre 9 : Master 1 et 4 ans de réclusion

Le verdict est tombé dans la nuit de vendredi à samedi. Il m'ont emmené et Caro n'a pas dormi. Le samedi 17 mai 2014, pendant qu'en cellule, je roule mon pull en boule en guise d'oreiller, elle est déjà devant la prison à s'organiser pour venir me visiter. Caroline n'a plus sommeil, elle s'apprête à déplacer des montagnes. En cellule c'est l'horreur. La maison d'arrêt d'Angers est l'une des plus vétustes de France. Les murs noircis empestent la moisissure. Le sol est en béton. Le climat est lourd. Une décoration très dépouillée dirons-nous. Pour imaginer ma première cellule, il suffit de visualiser une cave traversée par un faisceau de lumière. Mon cerveau a une mission durant mon incarcération: ne pas penser au mal être de ma moitié. Epineuse mission.

La résilience m'aide. Je prends un rythme de

croisière, en promenade je me détends un peu. Le temps n'est pas qu'un ennemi. Depuis la première incarcération, je sais l'apprivoiser. Je ne le regarde pas passer. Je compte avoir l'esprit très occupé pour contrer cette longue peine qui m'est imposée.

Mon premier codétenu est un drogué, déjà bien édenté et condamné à avaler de la purée. Il a deux péchés mignons : le Subutex et le sucre ! Le matin il ne peut s'empêcher d'aspirer les pots de confiture de la gamelle du petit déjeuner, malgré ses rages de dents ! La nuit il crie, il pleure, il crache dans un saut... Quand un matin il revient avec cinq dents en moins, il est soulagé, je suis éclaté de rire. Contrairement à ce qu'on pourrait penser, il rend ma peine plus douce. Il vit mal la prison, il a pris six mois, j'ai pris quatre ans...mais je reste serein. Je relativise, c'est comme ça que je fonctionne. Et puis quand lui reçoit une seule lettre de sa femme qui lui annonce qu'elle le quitte, moi j'en reçois deux par jours de ma Caro. Elle y met tout son cœur. Elles sont parfumées et hautes en couleurs.

Il y a aussi mon ami Léo, il m'écoute au téléphone pendant des heures, il prend des nouvelles de ma moitié et m'envoie des mandats. Tout ça sans que je ne lui ai rien demandé. La place qu'il occupe dans mon cœur est à la hauteur de sa discrétion.

Je terminerai ma peine en cellule avec un jeune homme aussi déterminé, égratigné et attachant que moi. Ensemble sur le banc des accusés. Ensemble à cantiner. Mon ami codétenu c'est Thomas, comme moi il se débat, il n'attend pas. La date de sortie dépend beaucoup de l'énergie employée à trouver des issues.

Petite ville dans la ville

En promenade je retrouve ceux avec qui j'ai grandi: les Vénères du quartier. On est tous passés par les assises au même moment, à quelques mois près. On additionne nos peines : quarante-sept ans d'emprisonnement pour sept écorchés vifs. Nos moments en promenade ensemble sont éphémères. Dans peu de temps l'un sera transféré. Un autre sera libéré. Un autre sera envoyé en Centre de Détention. La prison est une petite bulle hors du temps, une mini ville dans la ville. On peut vite en oublier la réalité, et ces instants que l'on perd à tout jamais. Ça n'est pas mon cas, ma Caro enceinte se déplace au parloir deux fois par semaine. Elle me rappelle que je perds un temps précieux que je ne pourrai rattraper.

A l'Université, je suis respecté pour ce que je suis, pour les raisonnements que j'apporte. En prison, je dois régresser, me réimprégner de mon enfance animale. Le respect se gagne par la force. Je me dois d'être violent. Je ne serai pas respecté pour ce que je suis vraiment, mais qu'importe, c'est le prix à payer pour avoir un peu de sérénité.

Demande de Sortie Anticipée

Nous sommes à la fin du mois de juillet 2014. Ma Caro doit accoucher dans un mois. Je ne tiens plus. Je ne peux pas rester à attendre, elle non plus. On a besoin de se fixer des objectifs, des délais, des échéances, de faire des plans sur la comète. On n'a pas peur, si les portes se referment, on forcera d'autres issues. On est doués pour ça. Elle ne manque pas un rendez-vous au parloir. Elle se démène et prend en main toutes les démarches administratives. Je demande une mise en liberté prématurée à la fin de ce mois de juillet 2014, soit deux mois après avoir été incarcéré et avec cinq mois d'emprisonnement au compteur (mes trois mois de mandat de dépôt en 2011 s'y ajoutant) ! Je suis culotté, je sais. Je me présente devant le juge, il m'écoute attentivement. Mais le Russe est là, le procureur qui a requis dix années de réclusion à mon encontre se charge de défendre l'Etat ! Je n'ai aucune chance face à lui. Les faits pour lesquels j'ai été écroué il y a seulement quelques mois sont graves. Je le sais. Je me défends du mieux que je peux. Malgré un contrat de travail et une inscription en Master, la réponse du juge est accablante :

"Monsieur Madani est un personnage ambivalent, qui est ancré dans la délinquance, et qui aujourd'hui entre dans la criminalité, c'est un danger pour la société."

La criminalité, c'est un grand mot. Je veux sortir pour continuer à construire mon avenir. J'ai beaucoup de mal à gérer l'éloignement avec ma Caro. Elle porte la vie, je porte le poids de mon histoire sur mes épaules. Alors je me ressaisis, pour nous. Je vais poursuivre mes études en prison, et je vais m'en sortir. Cette détermination, cette saine folie qui m'anime, me permet d'avancer. Et comme je ne fais jamais dans la demi-mesure je veux sortir et devenir enseignant. Je ne lâche jamais mes rêves, jamais !

Ce rêve complètement fou

(Juin-Juillet 2014)

Après la mort et la maladie, il n'y a rien de pire, la privation de liberté me plonge dans un gouffre abyssal. L'album de Lacrim passe en boucle dans ma cellule et dans ma tête. Dans ses chansons, je puise l'inspiration et la motivation. Je suis complètement démuni, il ne me reste que mes rêves et ma folie. C'est au plus bas que je décide de monter très haut. C'est souvent comme ça. J'annonce en promenade que je compte sortir très bientôt. Nous sommes au mois de juin 2014, ma date de sortie est prévue pour le 25 mai 2017... Personne ne me prend au sérieux. Alors je surenchéris : je vais devenir prof ! Je sens les regards désolés et les sourires gênés se détourner. C'est grisant d'être seul à rêver, d'être seul à croire en soi. C'est presque plus motivant je crois.

Le vendredi, je vais à la bibliothèque de la prison. Une petite bibliothèque modeste, les livres sont alignés, bien rangés. C'est un moment rassurant, une atmosphère studieuse qui m'est familière. Les études m'ont tellement apporté. Ici, un seul livre aura toute mon attention. Je lis le Code Pénal. Je l'épluche, je le décortique, je le dissèque. Je fais des comptes-rendus à Caroline. Elle fait ses recherches de son coté, elle achète des livres de droit. Sa détermination m'épate. Elle porte notre "mini-nous" et alterne les rendez-vous. Entre le médecin et les avocats, entre la maternité et la Faculté. Elle trouve le temps de me poster une lettre par jour, de venir au parloir, de monter le lit de bébé, de faire un tas de papiers.

En prison, avec Thomas, nous vivons confortablement, nous sommes inventifs et très actifs. Mon téléphone, un IPhone 4, me permet de rester en contact avec ma Caro, de suivre l'avancée de sa grossesse, d'entendre les premiers pleurs de notre bébé quand, en août 2014, elle accouchera sans moi, de vivre le Noël avec mes beaux-parents via Skype. Il me permet surtout d'aider Caroline à monter mon dossier pour une sortie improbable. Mon téléphone me donne accès à internet, donc à mes droits. Il a aussi ses mauvais côtés, car un appel malveillant est tellement douloureux quand on est enfermé.

Sous escorte

(Septembre 2014)

L'incarcération est éprouvante. C'est l'été, ma Caro ne manque pas un parloir. Elle vient le matin à huit heures pour éviter la chaleur. Elle est toute frêle, un peu bronzée et son ventre est énorme. Elle longe les couloirs sombres et nauséabonds de la prison avec ses robes longues et ses cheveux parfumés. C'est ma vision surréaliste de la journée. Je m'y accroche pour ne pas sombrer. L'accouchement est imminent.

Le samedi 23 août 2014, elle manque notre rendez-vous au parloir... Elle m'appelle en pleurs. Mais ce jour-là, ses pleurs à elle je ne les entends pas. La voix de ma fille qui vient de naître me transperce les tympans et le palpitant. Quelques jours plus tard, j'obtiens une permission de sortie sous escorte pour découvrir mon petit bébé à notre domicile.

Le 1er septembre 2014, l'heure de la rencontre a sonné, j'arrive dans un véhicule de police, escorté, menotté. Devant le bâtiment, mon ami Poulpo m'attend. Il ne vient pas m'aider à m'évader, non. Il est simplement équipé d'un beau bouquet, c'est en livreur improvisé qu'il s'est déplacé. Je fais donc mon entrée avec trois policiers, ma gaieté, mes bracelets métalliques et mes fleurs pour Caro. La sortie sous escorte est remplie d'émotion. Je découvre enfin ma fille, Maëline. Les policiers qui m'accompagnent acceptent de retirer mes menottes. J'ai les mains libres, je passe une heure à serrer les deux femmes de ma vie tout contre moi. Je respire la peau de notre bébé à m'en abimer le nez. Cerise sur le gâteau, ma Caro sait transformer les bons moments en instants parfaits. Elle prévoit tout et m'offre en exclusivité le dernier album de LACRIM, Corleone. Je m’arrête sur un titre dans lequel je me reconnais. On l'écoutera en boucle tous les trois :

"Arrivant, isolé quel mauvais temps
J'm'étais dit ça plus jamais, les parloirs et les rages de dents
La canicule assèche les fleurs, bah moi la tôle noircit mon âme"
"Si tu viens m'voir, retiens tes larmes
Ne t'inquiète pas, je sors bientôt
La tôle c'est rien, j'fais sur un pied
Mais en vérité, j'suis dégoûté"

"Le cœur serré, j'vous oublie pas"

Extraits du titre OZ. LACRIM 2014

Une petite heure de ma vie pleine de douceur où les souffrances de mon enfance se sont évanouies. Ce petit bébé, je le promets, va recevoir l'amour qui m'a tant manqué. C'est un moment hors du temps, chronométré pourtant. Le cœur serré, il est l'heure de rentrer. Je sais que la criminalité c’est terminé. Mon rêve d’être enseignant ressurgit. Je veux que ma fille soit fière de son père. "Professeur Monsieur Madani" ça sonne bien ! Pour le moment, je suis menotté et escorté à la maison d'arrêt. Les seuls personnes qui m'appellent Monsieur Madani sont les surveillants de la prison et les juges !

« Allo Maman, Joyeux Noël »

(Décembre 2014)

Noël approche, on prépare nos cantines. A cette période on passe une commande spéciale de confiseries et de chocolats pour les fêtes de fin d'année. La période est propice aux apaisements, au pardon et aux réconciliations. Allez dire ça à Maman ! C'est à ce moment-là que je reçois un appel d'elle, je le manque. S'en suivent quatre messages vocaux dont voici un petit extrait (âme sensible s'abstenir) :

« Ecoute bien sale fils de batard, tu contactes ta famille en Algérie pour te plaindre, tu vas voir sale chien ! Je vais dénoncer à la police tous les crimes que tu as fait. Tu vas crever en prison, sale batard ! Tu n'es plus de ma famille. Tu ne verras jamais R. c'est moi qui décide, casse-toi sale batard ! » (Certains mots sont traduits de l'arabe; R. c'est mon petit frère...) »

Et même pas un "Joyeux Noël Kamel ! " Maman a le don de me toucher en plein cœur. Elle est pleine d'attentions et de charmants surnoms. Je ne sais pas encore que ma propre mère s'est aussi amusée à menacer ma Caro alors enceinte de ma fille quelques mois plus tôt. De l'amour à la haine il n'y a qu'un pas. C'est maman qui m'apprend le sens profond de cette expression.

Je n'ai pas assez d'un livre pour exposer tout le mal qu'elle m'a fait. Les pervers narcissiques sont difficiles à neutraliser. Je n'en dirai pas plus mais cet acte conjugué au fait qu'elle refusait catégoriquement et cela depuis trois ans, que je vois mon cher petit frère fait d'elle mon ennemie pour la vie.

A cet instant je dois me concentrer sur la peine qui me prive de liberté et ignorer la peine et la haine immense que cet appel a provoqué. Avec ma rage et toujours une pensée pour mon frère cadet je vais me démener pour monter mon dossier.

Le soutien de mes professeurs : Acte 3

Ma Caro contacte mes enseignants, et ce dès le mois de juin 2014. Elle expose ma situation. Après de nombreuses démarches et négociations, la machine du soutien est lancée. J'obtiens une inscription en Master 1 Ecotoxicologie. Caroline m'imprime tous les polycopiés de la formation et me les transmet au parloir. J'étudie dans la salle de cours de la prison la journée et le soir en cellule, sur mon téléphone. Je me plonge dans les études, j'en oublie parfois où je suis. J'aime l'impossible. Je vais réussir. Je ne subis pas la prison. Je me sens déjà gagnant en révisant.

La permission

En décembre 2014, je demande une permission de sortie pour mes examens et je l'obtiens. Il est 8h, le 15 décembre 2014, les conditions sont loin d'être idéales mais j'ai révisé du mieux que j'ai pu. Je passe par la grande porte verte de la maison d'arrêt et je respire l'air frais. J'ai obtenu trois journées de permission pour passer les épreuves du premier semestre de mon Master, les 15, 16 et 17 décembre. Le séjour est intense, intellectuellement, physiquement et psychologiquement. Je suis à la Faculté, je passe mes examens, je prends un peu de temps avec Caroline et notre fille qui a déjà quatre mois puis je rentre en cellule le soir. Je répète ces allers-retours trois jours de suite. Trois jours extrêmement frustrants, tellement fatigants. Loin de mes repères de taulard. Je sors de ma triste routine, pour y replonger. Et Noël va arriver...

La liberté probatoire

Je ne suis pas résigné à laisser le temps s'écouler en prison. J'ai l'espoir de sortir vite. C'est cet espoir un peu fou qui me met sur la piste de la liberté probatoire, un aménagement très peu connu.

Fin juillet 2014, ma demande de liberté anticipée est rejetée, pas question d'abandonner.

Le Code Pénal de la bibliothèque de la prison a toujours toute mon attention. Caro est chaque jour plus déterminée à m'aider. Je me demande même lequel de nous deux est enfermé. Je crois qu'elle a un organe supplémentaire que les autres n'ont pas. Un réservoir d'énergie et d'espoir qui ne s'épuise pas.

En août 2014, je lui annonce qu'il existe la liberté probatoire à la liberté conditionnelle. Elle est accordée dans de rares cas. Elle doit se renseigner. Il faut monter un dossier hors norme. Avec son courage et à quelques jours d'accoucher elle se bat pour que mon nouvel avocat m'aide dans ce sens. C'est sans compter sur son incroyable incompétence ! Il prétend que la liberté probatoire n'existe pas ! Mais moi j'ai lu les textes de loi ! Face à ma persévérance, il se résigne à m'expliquer que la liberté probatoire est bien trop prématurée, qu'une demande sera rejetée, que je n'ai pas le profil adapté et que je dois attendre septembre 2015 pour peut être espérer un semblant de liberté!

En septembre 2014, je l'écarte de mes projets. Je décide d'avancer sans lui. Je choisis un nouvel avocat : Caroline sera parfaite. Elle a déjà réussi à m'inscrire en Master. Elle a sollicité mes enseignants tout l'été pour obtenir leurs lettres de soutien. Ils s'exécutent dans ce sens, sans me juger. Elle vient juste d'accoucher mais elle ne lâche rien.

Parallèlement, un ami de la police municipale me produit un contrat en CDI. Le policier municipal et moi c'est une histoire d'hommes droits. Quelques années plus tôt, on s'apprécie, on ne se juge pas, on passe de bons moments. Et nous sommes impliqués dans une grave affaire de violence qui sera classée sans suite. Il est aussi l'un de mes seuls amis à s'être déplacé aux assises pour me soutenir durant l'attente du verdict. Pendant mon incarcération, il me met en contact avec l'une de ses connaissances pour me produire un CDI. J'ai parfois été aidé par des voyous, parfois par d'honnêtes citoyens. Il n'est pas question d'appartenance à une profession, à une communauté ou à un quartier, il n'y a que des histoires d'hommes vrais.

En novembre 2014, ma Caro réunit plus de quarante documents provenant de la police, de la Faculté, de chefs d'entreprises, de médecins et de proches. A la fin du mois, je dépose mon dossier. J'ai à la fois une inscription en MASTER 1 Ecotoxicologie, un CDI étudiant et les attestations liées au logement pour donner toutes les garanties de mon projet de sortie au Juge d'application des peines que je rencontrerai en janvier 2015.

Le 6 janvier 2015, je suis prêt. J'enfile ma plus belle chemise et un jean noir. Je traverse quelques couloirs humides et me voilà dans la salle d'attente, j'attends mon heure. Je prends conscience de ma demande un peu folle à cet instant. Tous les détenus que je croise là me disent qu'ils ont déjà effectué les deux tiers de leur peine. Moi je n'en suis qu'à dix mois sur trente-neuf ! Personne ici ne crois en ma démarche. Moi j'y crois ! Je me sens fou mais légitime. Je les sens gênés pour moi.

Mon tour arrive, mon dossier fait plus de cent pages, on a bien bossé dessus Caroline et moi. Je me place face au Juge d'application des peines et la Procureure. Je suis heureux de pouvoir défendre mes intentions, mes rêves aussi. Je m'exprime librement, avec mes tripes et mon cœur. Je parle de mes passions : les études, les sciences, ma fille et ma Caro, ma vie modeste depuis 2011. Les débats se déroulent plutôt bien. La procureure émet un avis favorable à ma demande. Je sors sûr de moi. Je sais que c'est presque gagné ! Ne manque que la décision du juge. Le délibéré est fixé deux semaines plus tard. Mais dormir dans un trou ça rend modeste, beaucoup moins confiant. Alors j'attends, je doute.

Le 19 janvier 2015, je me rends au greffe de la prison. La nouvelle tombe. J'apprends que le Juge accepte ma demande et ordonne mon placement sous bracelet électronique (PSE) à partir du 5 février 2015. C'est la délivrance mais j'ai du mal à y croire. Dire qu'un an après je serai enseignant en responsabilité dans un lycée !

Libérable

A partir du 19 janvier 2015, je passe les deux plus longues semaines de ma détention. Je compte les minutes. Je prends alors conscience de l'enfer dans lequel je suis. Mon cerveau se reconnecte à l'annonce de la libération prochaine. Les murs se resserrent. Je me sens étouffé. J'ai du mal à réaliser aussi. Le document de la décision est toujours sur moi. Je le regarde constamment. J'ai tellement peur que tout ça ne soit qu'un rêve. Cette sensation est inexplicable, tout me parait irréel, des murs de la prison à ma libération. Je comprends alors que la perte de la notion du temps et la "déconnexion" de mon cerveau m'ont sauvé en prison. Ici, on ne sait pas vraiment ce que l'on perd dehors. On ne perd pas vraiment ce que l'on ne voit pas.

Le 5 février est enfin arrivé ! J'ai regardé quatre fois mon calendrier pour m'en assurer. Thomas est heureux pour moi, mais la séparation nous pèse. J'ai préparé mes affaires pour la liberté. Il prépare son sac aussi, mais lui doit changer de cellule, changer de bâtiment, il va perdre ses repères. Autant dire qu'en prison, c'est une peine dans la peine. Je suis tiraillé entre mille émotions. Le surveillant vient ouvrir notre cellule, c'est l'heure de ma sortie. Thomas est triste. Mes larmes coulent discrètement. Thomas compte aussi un peu sur mon aide pour son projet de sortie. D'ailleurs, il sera libéré sous bracelet trois mois plus tard grâce à sa détermination, au soutien sans faille de sa famille et au dossier que ma Caro a pris soin de lui préparer.

Il est neuf heures, ce 5 février, moment solennel, je quitte la maison d'arrêt pour m'oxygéner. Je débarque accompagné d'un surveillant dans notre minuscule appartement du centre-ville. Caro s'est apprêtée pour mon retour. La veille elle a même acheté un nouveau canapé. Et Maëline est là ! Maintenant on est trois. Pendant que le surveillant pénitentiaire me pose le bracelet à la cheville et installe son boitier, mon cerveau commence doucement à effacer la détention de ma mémoire. La prison ça s'oublie. Un an ou dix ans tu oublies forcément. Tu peux récidiver facilement aussi, ou bien tout reconstruire avec énormément de force.

Je retrouve ma fille et ma Caro. Je fume beaucoup. Je ne comprends rien mais je suis heureux d'être libre, avec des contraintes, mais être près de sa famille est un soulagement. Je n'oublie pas les nuits que ma moitié a passées seule. Je n'oublie pas sa douleur. J'espère que mon retour l'apaisera mais rien n'est gagné. Elle a encaissé sans jamais se plaindre. J'ai manqué des moments importants. Elle a souffert triplement : de mon absence, de son accouchement, de la malveillance des gens. Je sais qu'elle va me le faire payer avec tendresse. Elle a besoin de voir que je suis solide, que tout est fini, qu'on va avancer. Mais jamais comme les autres. Pas question de laisser une part de ma personnalité dans un travail que je n'aime pas. Nous, on va courir après nos rêves. Et comme je n'abandonne jamais, pourquoi ne pas être professeur ? Mais vite. Très vite. Pas dans dix ans !

Echec scolaire

(Février-Juin 2015)

On fait quoi maintenant ? Je suis libre, je poursuis mes cours en Master Ecotoxicologie. En prison, cette formation m'a permis de ne pas quitter le navire des études et du savoir. Le cœur n'y est plus. Je n'oublie évidemment pas le soutien hors norme de mes enseignants, mais je me rends compte que c'est un domaine qui ne me convient pas.

Les examens de mai 2015 viennent à la fois me confirmer tout ça et me mettre ce qu'on appelle une bonne claque dans la gueule. L'épreuve de mathématiques a commencé. Je suis bloqué. Impossible d'y noter le plus petit raisonnement. Je me sens humilié. Je me dis que je ne mérite pas ma liberté. Je rends copie blanche. Ça ne me ressemble pas. Je ne supporte pas d'en être arrivé là.

Caroline m'avait aussi inscrit au Certificat d'Aptitude au Professorat de l'Enseignement Technique (CAPET) de biochimie alors que j'étais encore incarcéré. J'ai donc eu l'opportunité de le passer sans le préparer en mars 2015, alors encore sous bracelet. En mai, le résultat des écrits est sans surprise: 1/20. De quoi me démotiver pour être professeur, moi le premier de la classe en biochimie du Baccalauréat à la Licence.

C'est évidemment mal me connaitre. En juin 2015, je fais le point avec Caroline. N'oublions pas que je sors de prison. Ce petit goût amer d'échec scolaire n'altèrera ni mon appétit de vie ni ma folle envie de devenir enseignant. Je compte persévérer. Mais pour pouvoir enseigner encore faut-il effacer mon casier ! Aucun individu ayant été lourdement condamné aux assises n'a pu prétendre à l'effacement de son casier judiciaire. Encore moins lorsque celui-ci était en train de purger sa peine ! Je le sais. J'en suis ravi. J'aime défier l'impossible. Je compte m'investir jour et nuit.

Chapitre 10 : Master 1 MEEF et casier

Je suis seul avec ma Caro, notre fille et mon projet de devenir enseignant, ce rêve d'enfant que j'ai vu s'éloigner durant mon incarcération. Les rêves sont des bouteilles à la mer, ils ressurgissent et viennent s'échouer dans un coin de nos têtes, dans l'espoir d'être trouvés, exploités, réalisés. Quand je fais le bilan, en juin 2015, je me rends compte que le challenge est grand ! Je sors de prison. J'effectue sous bracelet électronique la fin de ma peine de quatre années de réclusion criminelle. J'ai déjà un casier chargé. C'est mon deuxième PSE. Et j'ai été recalé au concours du CAPET de Biochimie. Je dois trouver le moyen de réaliser mon rêve. Impossible dites-vous?

Master 1 MEEF

En juillet 2015, après avoir abandonné l'idée du Master Ecotoxicologie sans surprise et sans regrets, je me lance à la quête de LA solution. Mon avenir est entre mes mains. Je ne baisse jamais les bras. Pas question d'aller bosser dans un domaine que je n'aime pas. Je sais que ma Caro pense comme moi, qu'elle serait anéantie de ne pas me voir épanoui. Pour l'argent on patientera. Les rêves eux n'attendent pas.

Mes recherches ne sont pas vaines. Je découvre l'existence du CAPLP (Certificat d'Aptitude au Professorat en Lycée Professionnel) de Biotechnologies. Il s'agit d'un concours qui reprend 80% du programme du concours de Biochimie (auquel j'ai échoué), et qui permet d'enseigner en lycée professionnel. Je sais que le public dans ces établissements est souvent plus difficile à gérer, parfois en difficulté, parfois même dans la délinquance. C'est donc ma place, je me sens légitime et tellement concerné. Alors je m'emballe. Comme souvent. Tout va vite. Je veux être professeur en lycée professionnel. Oublions un peu le casier. On trouvera forcément une solution. L'été 2015 est l'été de tous les possibles. Me voilà à présent en train de démarcher les formations préparant à ce concours du CAPLP. Vite. Vite.

La persévérance n'a que de bons côtés, soit elle finit par payer, soit elle nous permet d'avancer sans regrets.

En octobre 2015 la persévérance a fini par payer. Je suis inscrit en première année de Master MEEF (Métiers de l'Enseignement de l'Education et de la Formation) et je vais préparer, à distance, un concours d'entrée dans l'Education nationale, le fameux CAPLP. Moi qui viens tout juste d'enlever mon bracelet ! Je me rends tous les jours à la bibliothèque sans jamais me plaindre. Je travaille d'arrache-pied. Je crois en moi. Dans le cadre de ma formation, j'effectue mon premier stage d'observation dans le lycée professionnel de mon quartier. Ce quartier où j'ai tant fauté ! Je poursuis mon année avec un stage de stérilisation au Centre Hospitalier Universitaire d'Angers. Et je travaille comme un acharné pour obtenir le saint Graal ! Mon concours ! Je bosse sans me soucier du casier, pour lequel j'ai effectué une demande d'effacement quelques mois auparavant. Advienne que pourra...

Du fantasme à la réalité

Pour l'effacement du casier, il faut remonter au dernier jour du procès en assises quand, le 17 mai 2014, je suis condamné à quatre ans de réclusion. L'atterrissage en cellule provoque en moi des turbulences de sillage, les battements de mon cœur sont complètement détraqués. Il ne bat plus en rythme, il est déboussolé. Mon cerveau va un peu mieux, il reprend doucement le contrôle. Je suis enfermé. Ne me reste que ma liberté de penser.

Alors je rêve. Je rêve de l'impossible. L'idée d'être enseignant semble résister contre vents et marées et contre casier chargé ! Entre quatre murs. Au pied du mur. Je me le suis promis. Nous sommes le samedi 17 mai 2014, ma peine n'est pas purgée. Je viens juste d'être incarcéré mais je suis déjà prêt à batailler.

Depuis ma sortie de prison, en février 2015, j'ai préparé le fameux dossier pour effacer mon casier. Je l'ai déposé en mars 2015. Mes proches n'y croient pas. Caro me soutient. Elle n'y croit pas vraiment non plus, mais elle me connait, elle sait que je dois aller au bout de mes idées. Elle sait qu'en cas d'échec je saurai me relever. Encore.

Impossible est donc la seule réponse que me propose mon entourage face à mon désir d'effacement de casier. Surtout que je suis en liberté conditionnelle jusqu'au 25 mai 2017, autant dire doublement impossible. "L'effacement de casier ce n'est pas pour toi Kamel, attends quelques années..." Je puise ma force dans ces paroles étouffées par l'impensable et dominées par les idées figées. L'impossible m'appâte comme les pots de confiture de mon ancien codétenu addict au sucre et au Subutex. Me mesurer à l'inaccessible me sort de ma zone de confort. Avant je mettais mon intelligence au service de la délinquance. Je décide de l'utiliser à bon escient, au service de ma réussite sociale. Après lecture d'une multitude de textes de lois, articles du Code Pénal et décisions de jurisprudence confondus, deux conclusions s'offrent à moi:

- l'effacement de casier d'un détenu lourdement condamné, encore en liberté conditionnelle est **LEGALEMENT POSSIBLE**.

- l'effacement de casier d'un détenu lourdement condamné, encore en liberté conditionnelle est **TECHNIQUEMENT IMPOSSIBLE**, c'est du jamais vu.

Je monte donc mon dossier, tout en me documentant avec acharnement. Je m'attarde longuement sur les motifs de refus d'effacement de casier. Je lis, je dévore des ouvrages sur la psychologie des juges, sur le fonctionnement de la justice, sur les aménagements de peines. Je me gave d'informations à m'en détraquer le cerveau. Mon rêve est là, tout près, je le touche du doigt. J'ai la possibilité de devenir enseignant dans les mois à venir mais il y a ce foutu obstacle. Mon casier judiciaire chargé. Je le traine comme un boulet. Je constitue un dossier hors-norme, le rôle des enseignants chercheurs de l'Université d'Angers est indispensable !

Bouquet final

Parmi les documents constituants mon dossier, le soutien de mes professeurs et ce depuis cinq ans, a lourdement pesé sur la balance. C'est le reflet de mon envie de m'en sortir. Bien qu'ancré dans la délinquance, j'ai eu cette chance et cette force de ne jamais abandonner les études.

A l'ensemble des enseignants chercheurs qui m'ont accompagné, une fois de plus, je vous remercie du plus profond de mon cœur. Vous avez vu en moi autre chose qu'un voyou, c'est ce regard sans jugement qui m'a sauvé.

Je reste sans nouvelles de ma demande en septembre 2015, alors que je suis inscrit en Master MEEF et surmotivé à préparer le CAPLP !

Cour d'appel

18 novembre 2015

Me revoilà au tribunal, dans cet imposant bâtiment, à l'atmosphère grave, aux murs de tuffeau blancs hantés par de sombres histoires, habité par l'implacable Justice, ses victoires et ses espoirs. Je me sens minuscule, un peu ridicule, je sais que ma demande est spéciale et tellement prématurée. Il y a à peine deux mois je portais le bracelet. Il y a à peine dix mois j'étais incarcéré, condamné à sortir en mai 2017 ! Mais je crois en moi. Je crois en la vie. Je crois surtout qu'elle est trop courte pour se poser un tas de questions avant de se lancer. Ma fille qui grandit me le rappelle assez. J'ai besoin de tenter ma chance, pour me sentir vivre, pour casser les codes, et surtout parce qu'enseigner est mon rêve. Le débat a lieu à huit clos. Les premiers mots du procureur sont glaçants et dévastateurs :

"Je n'ai jamais vu une demande de ce type, d'une personne condamnée à de la réclusion criminelle aux assises, surtout lorsque sa peine n'est même pas terminée."

Le ton est donné, mais je ne suis pas venu les mains vides. J'ai produit un dossier indestructible. Un avocat n'aurait pas fait mieux, d'ailleurs ce n'est pas pour rien qu'aucune demande similaire à la mienne n'a encore été accordée. J'ai mis toute mon énergie et mon esprit dans la constitution de cette demande.

Les échanges sont un peu hors normes. Le procureur rame pour trouver des arguments et contrer ma demande. Il finit par me dire gentiment de penser à travailler en intérim plutôt. Mais il n'a pas lu mon dossier, et il ne connait pas la réalité du monde du travail. Même les boites d'interim exigent un casier vierge. J'argumente sans répit. Je me défends passionnément. Les échanges sont complexes et rythmés. Je parle d'un rêve de vie quand le procureur me rappelle la séquestration et le ligotage qui m'ont valu ma peine. Des faits de 2010, nous sommes en 2015. J'ai évolué depuis dans ma vie, dans ma famille, avec ma fille, dans mes études.

Les débats prennent fin sur une annonce qui me laisse sur ma faim. Je vais devoir patienter sagement jusqu'à la mise en délibéré, le 16 décembre 2015...

Un mois d'attente. Un mois de doute. Je poursuis mon année de préparation au concours du CAPLP et mon stage en lycée professionnel en sachant que tout peut s'arrêter. Le casier vierge est la clé. Les portes de l'enseignement peuvent se refermer là, devant moi. Je suis rêveur. Je suis joueur. J'ai abattu toutes mes cartes avec la transparence, l'ardeur et l'ambition qui me caractérisent. J'ai été moi. Ils seront justes...

La délivrance

(16 décembre 2015)

"Monsieur Madani, nous avons décidé d'effacer votre casier sections B2 et B3 aux vues de vos efforts méritoires pour vous réinsérer. Faites bon usage de votre seconde chance. Bon courage pour la suite"

Je fonds en larmes comme un enfant. J'ai réussi. J'ai réussi ! Je me suis délesté de ce boulet qui m'empêchait d'avancer, mais qui ne m'a jamais fait cesser de rêver. Mon casier est vierge et je suis encore en liberté conditionnelle.

De là tout s'enchaine. Je bosse mon concours avec ténacité. Je n'ai que très peu d'argent mais je me fiche de vivre confortablement. Je veux vivre mes rêves. Je travaille comme un fou. J'emmagasine, je classe, je trie, j'entasse un millier de connaissances. Mon cerveau est aussi chargé que mon casier l'était ! Je vais à la bibliothèque tous les matins à pied. Je n'ai pas de quoi me payer plus de deux cafés dans la journée. Mon allocation d'ancien détenu ne me permet pas non plus de manger varié, je me nourris de pain et de tomates. Le menu est léger et inchangé, mais qu'importe, chaque jour avec mon sandwich de la précarité je me persuade que je vais triompher. L'épreuve écrite est une réussite. Je suis admissible en mars 2016 ! L'épreuve orale est un succès. Je suis admis en juin 2016 ! Je vais vivre de ma passion !

Chapitre 11 : Master 2 MEEF et enseignant

Vous vous doutez bien qu'avec un passé comme le mien, ma rentrée scolaire en tant qu'enseignant stagiaire est un évènement truculent. Je prends avec une certaine légèreté ma première rencontre avec les élèves. Je suis là pour faire mon travail, les aider à réussir leur formation, les soutenir en cas de coup dur. Je ne suis pas là pour les "fliquer" ! Après avoir posé les bases en étant incisif avec les premiers perturbateurs, les choses rentrent dans l'ordre, mes premiers cours se déroulent bien. Je ne pense pas à mon passé. Je me sens parfois différent des autres enseignants mais notre objectif est le même: partager, accompagner, encourager.

Je suis un enseignant atypique. Je suis proche de mes élèves. Je m'efforce d'instaurer une relation de confiance et de respect. D'ailleurs je n'aime pas vraiment le terme d'enseignant, je me considère plutôt comme un accompagnant. J'aide ces jeunes gens à acquérir les outils intellectuels indispensables à la construction de leur avenir.

Du PSE à la PSE

C'est en respectant mon devoir de réserve (cf. : annexe) que je partage avec vous mes premiers pas dans l'enseignement :

Le 3 septembre 2016, je me mets sur mon trente et un. Je prépare mon cartable. Je prends tout juste le temps de boire un café, je n'ai pas le temps de le savourer, je suis pressé d'arriver au lycée. Que les choses soient bien claires, je n'ai absolument aucune appréhension ! Mon passé est trop lourd pour qu'une once de stress ne vienne me déstabiliser. Mon enthousiasme lui ne m'a pas quitté. J'ai déjà mille idées, mille façons d'enseigner, mille approches pour captiver mes élèves sans aucune illusion sur les difficultés de l'enseignement.

Me voilà devant eux. Me voilà dans ce rôle que je chéris depuis si longtemps. Je suis passé par un long parcours judiciaire. J'ai terminé ma peine par un PSE, et je me présente :

« Bonjour à tous, je suis Monsieur Madani votre enseignant de PSE (Prévention Santé Environnement) ! »

L'année peut commencer !

Vive l'Education nationale

Un énorme merci à la France. Avec la violence de mon enfance et mon parcours ancré dans la délinquance, je n'étais pas destiné à autre chose qu'à la prison, un emploi précaire ou la mort. Les institutions françaises, plus particulièrement l'Education nationale préservent le "vivre ensemble". Pour comprendre ma déclaration d'amour à l'école française, il faut simplement avoir un regard extérieur. Je prends l'exemple d'un ami rencontré durant ma seconde incarcération. Il n'est pas français et devra quitter le pays à la fin de sa peine. Il est choqué et émerveillé d'entendre mon histoire. Alors même que je suis encore en prison, il ne comprend pas que l'école aide autant ses élèves, soit aussi bienveillante. Il ne comprend pas que des enseignants chercheurs s'investissent autant pour moi, le voyou, l'étudiant farfelu issu de l'immigration. L'école française est un exemple d'institution où tout le monde a les mêmes chances, à condition de s'ouvrir et de savoir les saisir.

Merci à mes enseignants de primaire, mes enseignants de collège, mes professeurs de lycée, mes professeurs d'Université pour leur soutien.

Mon dernier combat...

(14 mai 2017)

Je fais le choix de publier mon livre quelques semaines avant ma probable titularisation. Je souhaite que l'Education nationale m'accepte avec mon parcours et ma vie. Mon livre est bien plus qu'un banal témoignage, je me suis livré pour rendre ce que l'on m’a donné, l'espoir.

Chapitre 12 : Et après ?

Force aux jeunes

Je partage avec vous, jeunes et moins jeunes ma vie hors norme. Je tiens à préciser que mon passé m'appartient. Durant mon témoignage j'ai été soucieux de ne pas dévoiler l'ensemble de mes délits, ni d'en faire l'apologie, tout ça n'a rien de glorieux. On peut réaliser ses rêves en respectant les règles du jeu. Je veux aller contre les clichés, sur la Police, la Justice, l'Education Nationale... La France m'a aidé, m'a protégé, m'a nourri, m'a condamné, m'a éprouvé, m'a réhabilité. Le principal secret de mon effacement de casier vient de mon audace. En effet, très peu de jeunes de quartiers, de jeunes voyous, se lancent dans cette procédure complexe. C'est la remarque que m'a fait le procureur. Je donne du fil à retordre au cliché du voyou qui devient rappeur, patron d'une entreprise douteuse ou qui travaille en intérim.

Ma démarche d'écriture n'est pas qu'une simple démarche de thérapie. J'ai un rêve plus profond. Je veux que mon témoignage donne de la force aux plus jeunes, de la force aux parents d'enfants égarés, de la force aux enfants battus, à tous ceux que la vie a éprouvé.

Epilogue

(25 mai 2017)

Il y a dix ans de cela je m'amusais à défier violemment la société, en attaquant, en agressant, en volant. Aujourd'hui je la défie en me réinsérant.

Quand on est attiré par l'impossible et le danger, il y a d'autres façons de s'exprimer et de se réaliser. Je ne cherche plus à déverrouiller des coffres volés. Je veux casser les codes, débloquer les mentalités, contrer les idées fixes et les à priori. Ce que je pense vraiment, c'est qu'on peut faire ce que l'on veut. La détermination est la seule condition. Il faut penser largement, voir les choses en grand, ne pas se mettre de barrières, et ne laisser personne décider de la faisabilité de son projet. J'allais oublier ! L'audace ! Elle ouvre les portes fermées, et parfois les casiers elle les efface !

J'ai partagé ici les vingt-sept premières années de ma vie. Une vie qui m'a tourmenté. Une vie que j'ai failli gâcher et dans laquelle je n'ai cessé de me démener. J'en sors grandi et heureux papa de deux beaux enfants. Maëline a été ma force dans mes combats passés, Eliam est ma deuxième raison de me surpasser. L'histoire n'est pas terminée, je compte bien faire en sorte que les vingt-sept prochaines années soient aussi mouvementées...

J'ai choisi le métier d'enseignant par passion. Je me suis promis de ne pas devenir ce genre de prof aigri, qui vient chaque jour en classe par habitude, pour la sécurité de l'emploi ou pour les vacances. Aujourd'hui je m'épanouis en tant qu'enseignant, mais je me sens différent. Je sais que rien n'est figé. Je sais que tout peux changer. Cette façon de penser je l'ai héritée de la "mentalité algérienne". Il est nécessaire de savoir qu'à tout moment on peut tout perdre. Il est important de savoir apprécier ce que l'on a. Et surtout ! Il est vital de se préparer à ce que ça ne dure pas. J'ai d'autres rêves d'enfant suspendus dans mes pensées, que je ne peux encore dévoiler et qui ne demandent qu'à exister. J'ai d'autres grandes batailles à mener...

Un jour un policier m'a dit : La frontière entre nous est floue, si tu n'étais pas un voyou, tu aurais peut être choisi ma voie...

Une nuit une jolie brune m'a dit: Sous les étoiles ne fais pas de vœux, tu as toutes les cartes en mains et la force d'aller loin.

De voyou à Prof !

REMERCIEMENTS

Je remercie,

Mes enseignants du collège Jean Mermoz à Angers pour leur bienveillance, notamment Mr Gaspard et Mme Caussin.

Mes enseignants du lycée Jean Moulin à Angers pour leur gentillesse notamment les deux professeurs de mathématiques et mon enseignante de français.

L'enseignant chercheur Emmanuel Jaspard pour m'avoir transmis son amour de la biochimie et aussi pour son soutien constant malgré mes nombreuses péripéties.

Les enseignants chercheurs Thomas Guillemette et Abdelkrim El Ghayoury pour leur soutien et ce même dans les situations les plus complexes.

Olivier Guitton et la responsable de Master Ecotoxicologie de la Faculté des Sciences d'Angers pour m'avoir donné ma chance alors que j'étais incarcéré.

L'enseignant chercheur Olivier Coqueret pour m'avoir fait découvrir la cancérologie et pour m'avoir donné ma chance pour le stage de Licence.

L'ancienne responsable du Master MEEF qui m'a donné ma chance.

La maison d'arrêt d'Angers pour le respect constant des surveillants envers moi.

Mes amis du quartier pour les colis en prison.

Poulpo pour son écoute et pour la livraison de fleurs le jour de ma sortie sous escorte.

Les trois autres braqueurs pour avoir respecté l'omerta. Et surtout Thomas pour le soutien en prison.

Mon ami de la police municipale pour sa grande loyauté et l'opportunité du CDI qui m'a bien aidé.

Les policiers en moto banalisée, non pas pour leurs PV, mais pour leur sympathie !

Mon meilleur ami Léo, jeune enseignant d'éducation physique qui, dans l'ombre, m'a toujours soutenu. Douze ans déjà qu'il supporte mes aventures sans jamais me lâcher.

La SRPJ d'Angers pour m'avoir démontré que la police est une institution honorable.

Franck Legeais, directeur de la SRPJ d'Angers, non pas pour m'avoir arrêté, mais pour son humanité.

Le Juge d'application des peines, Madame la Procureure, le Juge de la cour d'appel d'Angers pour avoir cru à cette folle histoire du voyou qui voulait être professeur.

Ma belle-famille pour avoir soutenu la mère de mes enfants durant ma longue absence.

Merci enfin à Caroline, une guerrière, une avocate, une écrivain, une maman en or et bien plus encore. Sans elle je n'en serai pas là.

Annexe

Le devoir de réserve

Etant fonctionnaire stagiaire au moment de l'écriture j'aimerais poser le cadre, car ma liberté d'expression est limitée par ma fonction.

Nous rappelons que les droits et obligations des fonctionnaires d'état sont gérés par la Loi n° 83-634 du 13 juillet 1983 dans laquelle la notion de « devoir de réserve » n'existe pas.

Nous rappelons que le « titre II du statut général des fonctionnaires de l'état et des Collectivité locales » - Loi n° 84-16 du 11 janvier 1984 - qui porte sur les « dispositions statutaires » des fonctionnaires ne fait nulle part mention d'un quelconque « devoir de réserve »

. 83-634 du 13/07/1983, art. 26 Lettre FP n°1430 du 05/10/1981 QE 4024 du 06/06/1952

"De même, un enseignant peut se prêter à un interview portant sur une question générale mais pas sur le fonctionnement administratif de l'établissement où il enseigne. Es qualité, il se doit de faire preuve d'une certaine réserve à l'égard des institutions et de la politique générale du gouvernement"

Le texte du JO précité conclut enfin : *"il convient de rappeler, au plan des principes, que cette obligation de réserve ne saurait être conçue comme une interdiction pour tout fonctionnaire d'exercer des droits élémentaires du citoyen : liberté d'opinion et, son corollaire nécessaire dans une démocratie, liberté d'expression. Ces droits sont d'ailleurs, eux, expressément reconnus par l'article 6 de la loi n° 83-634 du 13 juillet 1983 portant droits et obligations des fonctionnaires (...)*

Table des matières

À PROPOS DE L'AUTEUR

Auteurs :

Kamel MADANI enseignant de biotechnologies en lycée.

Instagram : **@voyouprof**

Caroline LAMY écrivain, artiste.

Instagram : **@lm.caroline**

Crédit photo

Charlotte PLAIN photographe

Instagram : **@chapixtures**

On l'a fait RAFIK !

Tic Tac Tic Tac la vie est courte !

Printed by Amazon Italia Logistica S.r.l.
Torrazza Piemonte (TO), Italy

11247999R00082